中村正勝編著

種田家文書

種田金十郎日記

北海道出版企画センター

種田金十郎（1831～1906）

種田家本家８代目､名声を博し｢渡島王」と呼ばれ、場所請負人の岡田半兵衛から古平の漁場を譲り受け、その後室蘭、小樽と拡張させた。

戸切地陣屋の造営、箱館戦争では松前藩の会計方として活躍した。明治17年（1884）には、当時の建築技術の最先端をいくセメント工場を上磯（現北斗市）に創設した。

墓は上磯町（現北斗市）広徳寺の墓地入口にあり高さ約４メートルほど、台座は彫り込み石を積み重ねた幅２メートルの矩形で出来ており､正面の文字は､明治42年の永平寺の貫首、永平悟由翁嘱とあるから当時ご染筆料としてかなり高額を献納したものと推察される。

種田金十郎は、明治39年に没しているので、〆やましめ・〆いりしめの一族の建設と思われる。

種田家累代之墓

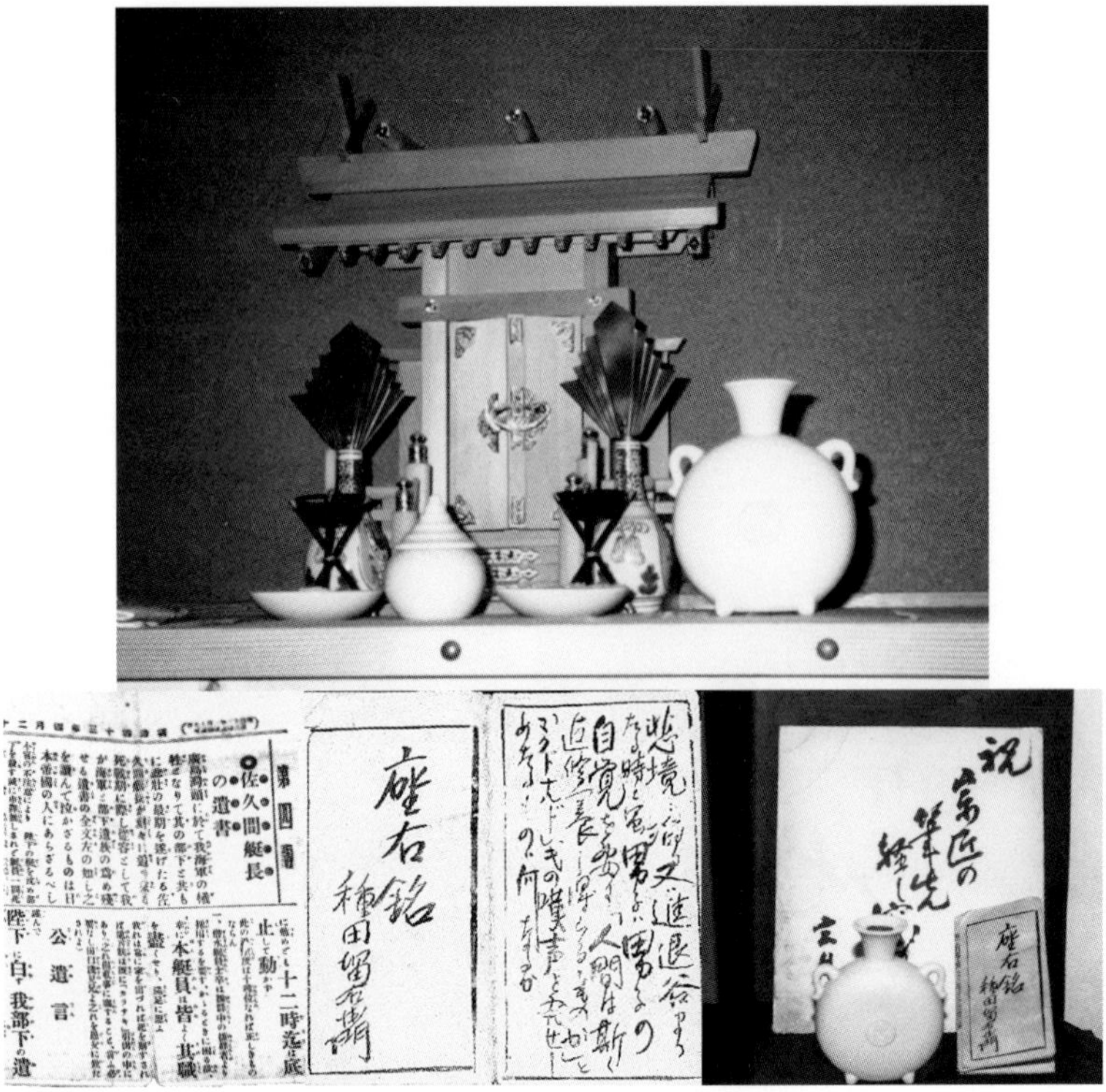

わが家に伝わる有川大神宮、種田留右衛門氏の遺品

写真は昭和29年（1954）10月私宅を新築の際、種田玄月宗匠（有川大神官16代宮司種田留右衛門氏）が来宅され神棚に供えてくれた三点の由緒正しい遺品である。

第五十九回伊勢皇室大神宮ご遷宮記念の瓶子（昭和天皇陛下が献納した御神酒を下賜された三個のうちの一個）を北海道神社協会長に下賜されたものである。

種田宮司が常に懐中にしていた「座右名」には、明治40年（1907）４月21日、日本最初の潜水艦が沈没した時の佐久間艦長の天皇陛下に宛てた「公遺言」（『報知新聞』にて報道）が貼られており、男子たるものの自覚と修養を促している。

色紙は私宅の新築を心から喜び、俳人文学を究めることを祈って、わが家の神棚に供えてくれた記念の写真である。

私が初めて「種田文書」のことを語ってもらってから66年の歳月を要した。この遺品が「種田文書」を今日まで追い求めた要因であることの証として、故種田留右衛門氏に感謝し秘蔵の遺品公開の説明とする。編者

序文によせて

秋月俊幸
（元北海道大学法学部講師）

このたび中村正勝氏の「種田家文書」の解読書が刊行されるにあたり、編者について簡単に紹介しておきたい。中村氏は五十年にわたり、渡島管内の郵政職員から特定郵便局長を歴任された今年九十一歳になるご高齢の方である。昭和六十年（一九八五）三月には、渡島管内特定郵便局長会が計画した「百年史編纂委員会」の委員長として、「千三百ページにのぼる渡島特定郵便局長会百年史」の大作をまとめておられる。

本書は、渡島管内郵政史に関する埋もれていた資料を徹底的に発掘し、史料にもとづく正確な記述がなされていることで、読者たちに感銘を与えた。それは中村氏が専門の史学研究者と同様に、歴史記述における史料重視の姿勢を貫かれたことによるものであった。

そのことは中村氏が退職後、函館に住んでいたが、子供達が札幌付近に住んでいるので子供たちに請われて、札幌に移住された。札幌に来てから、「札幌市高齢者市民講座」の講師として語られている。「日本伝統工芸・着物の図版と伊勢型紙」（平成二十四年三月）「北前船のおもしろ知識」（平成二十四年十月）「五街道分間延絵図」（平成二十七年七月）などの講義における豊富な史料にもとづく詳細で平明な解説にもあらわれている。

それらは特殊史料に通暁した専門の研究者によってしか語ることのできないものである。そのほか中村氏には「北辺に散った中島三郎助」や「知床硫黄鉱山王・皆月善六」その他多くの著作があるが、それらはいづれも根本史料にもとづく貴重な伝記である。

さらに中村氏は「資料物語」と題する「歴史読み物」を今年七月までに三十四号にわたり発表しておられるが、いづれ一冊の書物として刊行されることが期待される。

安政二年（一八五五）から明治五年（一八七二）にかけて、ムロランやホロベツノ場所請負人をしていた、〆（やましめ）種田金十郎氏が記した日記や御用留である。それらは漁業の大網元のほか大地主として農業・林業を営んだ種田家の経営資料や、特に幕末の松前藩の関わりを示す興味深い史料である。

この記録は、昭和五年（一九三〇）に北海道庁の「新撰北海道史編集室」が東京在住の種田基宏氏から借受けて毛筆で書写し、和装仕立をした写本（百七十五丁）が知られている。

それは昭和十一年に編集室が閉鎖した時に、北海道大学の「北方資料室」に他の多数の資料と共に寄託されたもので、現在は北海道大学附属図書館北方資料室に保管されている。その内容については、編者の中村氏の解説を参照していただきたい。

序に代えて

私が「種田家文書」のことを知ったのは、昭和二十五年のことであった。同年五月に家庭をもった時、借家がないことを、小学校で親友だった種田信也君に話したところ、彼は種田家・宗家の一郎君（小学校の同級で親友・有川大神宮の十七代宮司）と相談して、空家になっていた旧社務所を貸してくれることになった。その時挨拶に赴いて一郎君のご尊父種田留右衛門氏（十六代宮司・北海道神社協会々長）に始めてお目にかかり、私が郷土史に関心を持っていることに共鳴され、同氏から「種田家文書」のことを初めて承った。それから六十六年の歳月が流れたことになる。

そもそも種田家の本家は、旧筑前秋月の藩士、種田左近正胤直が、関ケ原の戦いに破れて、旧秋月藩から推挙され津軽の下北郡佐井村を経て松前に来た。

当時有川村にあった神明社の宮司に推挙された種田左近正胤直が本家で、落ち着いてから呼びよせた弟、種田萬三郎が種田家の別家〆（やましめ）種田家である。別家種田家は漁場経営、農地開拓、山林事業を有し、大網元としてまた大地主となり、〆種田家は、巨財を築き勢力と全盛を極めた。

別家種田家七代の当主、徳左衛門に子供がなくて、先代（六代徳左衛門）の次女フサを養子に入れ、下北郡大畑村の西田平四郎の次男、金十郎を婿養子として入籍、〆種田家の八代当主を継がせた。

この八代当主種田金十郎氏が、安政二年（一八五五）から明治五年（一八七二）にかけて、道南はもとより、ムロラン・ホロベツの場所請負人をしていた。漁場経営記録、また松前藩士の会計方を務めて、戸切地陣屋の構築や、箱館戦争を戦い抜いた記録などを書き残した日記を「種田家文書」と言うのである。

この「種田家文書」は、金十郎氏が亡くなってから、嗣子種田基宏氏が東京に転住した時、持参して行ったので、函館市の図書館長であった岡田健蔵氏が上京の度毎に、図書館に寄贈方をお願いしたが、基宏氏は金十郎氏のプライバシーや事積などの公開を理由に、断られたのが縁で、その後、昭和四年から五年にかけて、「新撰北海道史編纂室」で、基宏氏の承諾を得て、数人の職員が手分け作業で、この「種田家文書」を筆墨で書写したものが、現在北海道大学附属図書館の北方資料室に保管されている。

その「種田家文書」から一部分が、『新撰北海道史』の中で「北門史綱」として紹介されているが、ほとんど「種田家文書」未解読のままになっていた。

昭和五十年頃、白黒コピーが出始めた時、函館市内の種田一族の種田謹一氏が願い出て許可を得た上、コピーしたものを所持していた。入〆（いりしめ）種田信也君から「種田家文書」コピーがあることを知らされて、平成十五年頃コピーした資料を拝見したが、写本した人がそれぞれ自己流の書き方であり、私の手に負えないものであったが、知人の解読者たち、仙北市の古郡氏や、新潟市の石黒氏、函館市の山口氏・久保氏などに分送して出来上がったが、これまた失敗、それぞれ癖字で余計に手間がかかり、やむなく、山口精次氏の手を借り、楷書で整記して貰いやっと完了となった。

昭和二十五年五月、有川大神宮十六代宮司、種田留右衛門氏から「種田家文書」を知らされてから六十六年の歳月が流れた。この歳月を経た我がふるさとの古文書が、陽の目を見て幕末維新の時代研究に諸兄の役立つものとなら私の本懐である。

二〇一六年　初冬

目次

種田家文書について

一、アナタヒラ御陣内御取向定書について

種田家文書は大きく分けて、松前藩の北方警備として七重浜より木古内までの警備に当たった。そのため構築されたのがアナタヒラ陣屋（後に松前藩戸切地陣屋跡となる）築城に関わった事や、安政二年（一八五五）十月に完成した直後に施行した「安政二卯十一月　アナタヒラ御陣内御取向定書」惟善《のぶよし》花押と記された古文書がある。

アナタヒラの高台地は、兵防上より見た立地条件は、遠く天明元年（一七八一）松前十一世藩主、邦広の五男松前広長の手記に記された一文に、「野崎《アナタヒラ》の地こそ無双の地である」（松前志）と高く評価を受けている。

さらに文化四年（一九〇七）十二月に、近藤重蔵は、箱館や江差は実戦には不便だから、松前城も野崎《アナタヒラ》の地にした方がよいと述べている。松前城の新城建築設計に当たった市川一学が、嘉永二年（一八四九）築城調査で諸地方を調査した時、松前は海戦には危険である。野崎の奥（アナタヒラの台地）は、戸切地村から一里、台地入り口は急坂で、台地からは渡島平野と巴湾が一眺出来る最適地とみる。

アナタヒラ陣屋（後の松前藩戸切地陣屋跡）の築城設計は誰かこれも謎だが、陣屋最初の備頭、竹田作郎忠憲であろうとの推定されている。竹田作郎は、藩命により江戸に上って江川担庵に入門して、新兵学・築城法・砲術を学び、帰藩してアナタヒラ陣屋の設計構築して、最初の陣屋備頭になったと考えられる。一説には安政元年（一八五四）の四月に松前に来た武田斐三郎（五稜郭の築城設計者）の蘭学の試作に、アナタヒラ陣屋の設計構築に関わったのではな

いか、との説もあり興味がある。

種田金十郎惟善が藩士として築城に関わったことは、金十郎の資金献納や、人夫の調達備兵等の糧秣などに大きく貢献したことが伝えている。故に陣屋築城後に、「アナタヒラ御陣内御取締向定書」も、函館図書館に残る木村源吾の「戸切地御陣屋心得書」より、先に出されていることがよく分かる。

金十郎が松前藩の「小荷駄係」に奉職したが、陣屋構築の功績により、戸切地陣屋の勘定方に従事した。慶応二年（一八六六）十月十五日には、勘定吟味役まで昇格した。

明治二年（一八六九）三月八日には、機械奉行・砲術操練一等教授首班の職にあったがさすがに金十郎も「老衰を鑑み随意、臨場スベキコトヲ諭示サル」とあるから、このあたりから余生を送ったのであろうと推察する。

残された文書の中で、戸切地陣屋から箱館、青森に及ぶ、個人の戦記に触れている文書がある（和紙十四枚綴りのもので、陣屋内規であろうと思う）。

付記　松前藩戸切地陣屋跡について

昭和四十年（一九六五）三月十八日まで、戸切地陣屋は、従来、清川陣屋・松前陣屋・野崎陣屋・穴平陣屋・アナタヒラ陣屋と言われてきたが、この日をもって、国の史跡として認定された。認定の理由は「現在の保存状態は極めて好く、築城史上、はたまた幕末における北辺の国際情勢を窺い、かつ蘭学の影響を知る資料として価値がある」と古文献や現地の状況に照合して「松前藩戸切地陣屋跡」と公称することになった。

この機会に上磯町民の皆さんに「松前藩戸切地陣屋跡」を知って貰うために、上磯町教育委員会から、周知するための原稿依頼を受けて、私なりに研究した範囲で報告書を纏め回答した。委員会では、文献資料などを参照して監修し「松前藩・戸切地陣屋跡」のパンフレットを作成して配付した。そのパンフの一部分を付記するので参考とされたい。

この原稿を作成した時期は、昭和四十年四月であり、私は一カ月後に転勤するとは考えてもいなかった。当時私は、上磯町郷土史研究会長であり、文化財調査委員の役にあったので止むなく承諾して、原稿整理の上、教育委員会に報告したものが、パンフレットにされて発行されたものである。

当時は「種田家文書」のコピーなど、全く拝見していなかったから、調査研究の範囲で作成した原稿であるが、研究諸氏の参考になれば幸いである。

古い話だが、昭和三十五年代に函館文化会が、神山《こうやま》茂先生にこの戸切地陣屋跡の実測を依頼し私も参加して、戸切地陣屋跡の敷地を実測用のポールを持って走り回った。私にとっては忘れられない郷土、上磯の思い出の地でもある。

そんな意味からも「種田家文書」解読書が出版されるにあたり、次にこのパンフレットの一部分の引用を試みた次第である。

陣屋の出来上る迄

江戸幕府が再び蝦夷地を直轄統治した安政元年(二)から、明治維新までの間は僅か十五年位であったが、此の間の日本が受けた内外の重圧は、遂にわが国を開国へ踏み切らしてしまったのであった。

特に蝦夷地は多くの問題をはらんでいた。当時諸外国の捕鯨船や、海獣捕獲船が沿岸に出没する一方に、ロシヤは樺太まで南下してどんどん進出してきていた。

そのうちで、嘉永六年(一八五三)六月、アメリカのペリー提督は軍艦四艘をもつて浦賀に来航し通商を求めてきた。

翌七月ロシヤのプチヤーチンも、長崎に来航し通商を求め、越えて翌安政元年（一八五四）一月ペリーは八艘の軍艦を率いて浦賀にきて、強く回答を督促したので幕府は遂に三月アメリカに対して和親条約を締結したのである。

こうした外国の圧力が加わった当時の情勢下にあって幕府は急速に国内の防備を急がねばならなくなつたのである。

嘉永二年（一八四九）特使をもって、松前崇広（松前藩十七代城主）に新城の築城を命じ北辺の警備に充て、守備の中軸となし、一方に於ては江戸湾海堡の突貫工事を成しとげた関連者の中の堀織部正利熙は、竹内保徳と共に箱館奉行に任命されて渡来し、直に道南地方の基本的な計画を幕府に答申した。

その箱館附近の防備に関する意見書の中に次の如く記されている。

『従来の砲台は地勢悪きにあらざるも備砲実用に適せず。既に夷人上陸の節は砲を覆ひ隠す程の義にて台場詮えなく土塁等も手薄に付き、何れも模様替をなし、其外新規取建を要すべし。即ち矢不来台場は押付台場と対峙して湾口を抱す所なれば之を改築し、押付山背泊の二台場は之を中央一ケ所に改築し、矢不来台場並に弁天岬と相対せしめ……（中略）……就ては奥羽の内海防の憂なき大藩に命じ、箱館亀田の中間千代ケ岱辺へ陣屋を取建て警衛致させ松前家には有川村に陣屋を取建て矢不来台場を守らしむべし。』

これ等によって戸切地陣屋。弁天台場。五稜郭城やその他の既設砲台などの補強改築が開始され急速な発展を遂げたとも云えるが、この時代が築城の一大転換期に直面していた事が伺える。

嘉永二年の松前城の築城、安政二年戸切地陣屋、安政四年弁天台場、五稜郭城とその頃欧州で普及していた稜堡形式の築城や海堡が次々と完成されていった。

安政元年（一八五四）八月幕府は津軽藩、南部藩、松前藩に非常時の心得を内諭し、安政二年四月十三日仙台、秋田、津軽、南部、松前の五藩に命じて、蝦夷地の警備分担を決め、ここに戸切地陣屋が松前藩の元陣屋として有川村穴平（現今の地）に築城されるに至った。

参考迄に各藩の持場と陣屋の所在地は下記の表のとおりである。

陣屋の築造

松前崇広が箱館、七重浜、木古内に至る迄の海岸一帯の警備の任を命ぜられてから、穴平の地に元陣屋を築いたが、この野崎(穴平)の地の兵防上より見た立地条件は、遠く天明元年(一七八一)松前十一世藩主邦広の五男広長の手記に記された一文に、「野崎こそ無双の地である」(松前志)とされ高く評価されている。

さらに文化四年(一八〇七)十二月近藤重蔵は箱館や江差は、実戦に不便であるから、松前城も野崎に移城した方が良いと述べている。

また兵学者市川一学(松前の新城設計者)は、嘉永二年(一八四九)松前城の築城の際諸方を調査した結果、松前は海戦には危険で、その点野崎は奥行深く要塞としては立地条件が良いと言っている。

鉄砲火器が戦闘力として重要な役割りを果たす時代に、軍略上から城地としてのあらゆる条件がそろって

藩名	藩主	元陣屋	出張陣屋	警衛地
仙台藩	松平陸奥守慶邦	白老	根室 国後の泊 エトロフの振別	白老より知床岬に至る一帯の地と島々
秋田藩	佐竹京太夫義睦	増毛	宗谷 北蝦夷地の自主 久寿古丹	神威岬より知床岬に至る地並に樺太と島々
津軽藩	津軽越中守順承	千代ヶ岱	寿都	箱館千代ヶ岱より恵山岬に至る地と江差在乙部村より神威岬に至る地
南部藩	南部美濃守利剛	谷地頭北方	元室蘭(ペケレオタ)砂原(分屯所)	恵山岬より幌別に至る海岸一帯
松前藩	松前志摩守崇広	有川村字穴平		七重浜より木古内村まで

いたとも云える。

上磯町の中心部から約四粁、その道の奥に急坂な登口があり、郭内に到達する。そして稜堡の亀頭砲座から見渡す、渡島平野一帯と、巴湾を見下すその景観は、今を去る百数十年の昔、あらゆる兵法者や、軍略担当者達の足を止め、将来の大望を希ったものと私達でさえ思うのである。

陣屋の築造の設計者については、今だ判然としないが最近の調査や報告書などの資料によれば、竹田作郎忠憲と推定されている。

竹田作郎は藩命により江戸に上り、江川担庵の門に入り、新しい兵学や築城法や砲術を学び帰藩して戸切地陣屋の構築を成し、最初の備頭となつたものと思われる。

また一説には五稜郭城の設計者武田斐三郎とも云われているが、この推測も当時の蘭学による知識を取り入れ、火器に対する城塞の造り方や、武田斐三郎の松前到着が安政元年四月三十日と見て、翌年の春から起工した戸切地陣屋の築造とは、何にかの関連性も考えられるからであろう。

松前城の完成した後数年で日本古来の築城が銃火器の前には抗しがたく、洋式綾堡の築城に移り変っていった事がよくうかがうことができる。

松前城が箱館戦争の際海陸両面からの攻撃に無力であったことについては、松前城設計者市川一学も移りゆく時代の変遷に目が届かなかったとも云えるのではなかろうか。

その点で新しい学問の基礎に立っての見解をもった斐三郎の最初の試練台として当戸切地陣屋の設計を始めたと考えることは無理であろうか。

現行戸切地陣屋の築城設計者については、今後の資料発掘に待つ事が必要であると共に今後の大きな課題でもあると思われる。

また一方工事請負その他工費についても、現在判然としないが、安政二年六月着工し早くも十月には完成したが、今もって残る土塁や壕は如何にも整然としているのである。今郭内に立てば、その昔労役に服した人びとや蝦夷地の新しい息吹きを切々と知る事が出来るように思われる。

一口に陣屋の形状を表現するならば、亀の形に似ていると言って差支えないと思う。

頭郭に砲座が六座あったと記録されているが、備砲は五門となっていることは一致しない点もあるが、只ここで注目に値することは新知識の築城であるということだ。その頃蝦夷地に各藩は陣屋を構築したが、他藩はすべて旧日本式の築城法によったのであったが、戸切地陣屋のみが五稜郭城の着工より二年前、そしてまた大鳥圭介の構築による四稜郭よりは十四年も前に、慶応二年完工した龍岡城より八年も前に、新しい学問の基礎と西洋文化を惜しみなく取り入れ、綾堡型の築城を成した事は、日本の重要な文化的遺産と云っても過言でなかろうと思う。

名　　称	空　　盒	砲弾重量	装薬	弧度	直射	遠着	備考
六斤短加農	3寸1分8厘	768匁	270匁	5度	2町余	17～8町	①
三斤山砲車	2寸5分	90匁～130匁		5度		8町許	
十三斤忽熕	4寸2分5厘許	1貫170匁	満空170匁			12町許	
手天砲		1貫117匁	〃40匁	45度		6～7町許	
小形忽熕	2寸5分6厘		〃80匁許	15度		5～7町許	②

①右装薬一定にして遠近は角度高低し度は直射遠着の度におよび斟酌すべし。
②右遠着の外近距離に至り実弧度或は装薬の分量を増減して時に適宜たるべし。

表御門に行くまで、道の両側に陣屋建設後種田惟善の建議を入れて漸次士卒の家族を移し、余暇を開拓に従事させたことは、屯田に似た体制とも云えると思う。

勤番者の官舎は各十一戸計二十二戸あって一区画毎に土塁をめぐらしてあった。

表御門を入ると小高い武者隠の土塁の前に見張所があり、右側に物見櫓があり正面に備頭、御目付役詰所その後に御徒士、士中使、小者の諸士詰所、右側に惣足軽長屋、左側に足軽詰所、裏門近くに武器庫、文庫、馬舎、炭蔵、米蔵、鉄砲入、道場、便所等が配置されていた。

備砲は木村源吾の「戸切地陣屋勤中御達書留」によれば六斤短加農一、三斤山砲車一、十三斤砲一、手天砲一、小形惣砲一の五門となっている。

これらの砲の性能については神山茂氏の登表記録によると次の如くである。

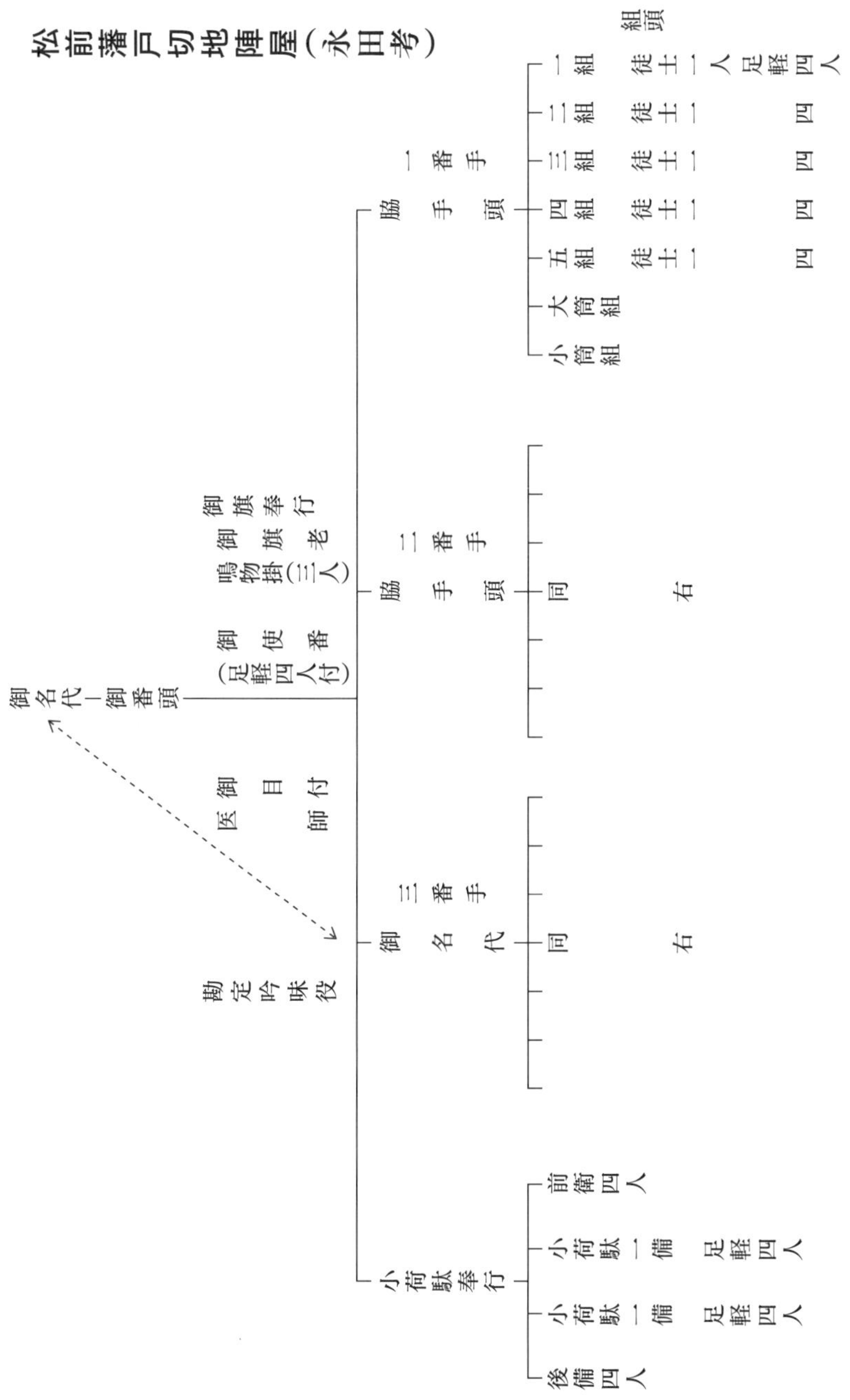
松前藩戸切地陣屋（永田考）
御名代―御番頭
御使番（足軽四人付）
鳴物掛（二人）
御旗老
御旗奉行
御目付
医師
勘定吟味役
脇一番手頭
一組 組頭徒士一人 足軽四人
二組 徒士一 四
三組 徒士一 四
四組 徒士一 四
五組 徒士一 四
大筒組
小筒組
脇二番手頭
同右
御三番手名代
同右
小荷駄奉行
前備四人
小荷駄一備 足軽四人
小荷駄一備 足軽四人
後備四人

陣屋の勤番者任務とその生活

陣屋の勤番者は備頭一人、副備頭、備目付各一人士八人、徒士目付二人、徒士が五人、医師と輿頭が各二人、小頭二人に足軽八十人、おつて下代二人他に中間小物職人が若干の人数で勤務していた。勤番の期間は六カ月から一年で交替し、戸切地陣屋の出張先として矢不来台場と交代勤務をしていた。

勤番者の任務は一応陣屋の守衛であるが、海岸の巡視や防衛、区域内の警備、重要な矢不来台場の勤務、洋式の調練と銃砲の操練などが主であった。この外に附近の畑を荒らす熊狩りなどもした。

備頭を始め、戸切地陣屋の勤番者について余り確かなものがないが、現存する陣屋の守護神に奉納されたおりに記されている竹田作郎忠憲、駒木根徳兵衛正甫、小杉百人直方とある。この三人が戸切地陣屋の幹部であったと云われている。

箱館の守備兵として仙台、南部、秋田、津軽、松前の五藩であったが、奥羽の形勢の変化に伴なって仙台、秋田、南部の三藩は警備を辞しやむなく津軽藩に増援の外、備前の福山、宇和島の吉田の諸藩が防備に当たった。

箱館戦争の戦斗場所は箱館を中心に大野、七飯、川汲、峠下、千代田、一本木、久根別、有川や矢不来内が舞台となった事はよく知れるところであるが、当町の陣屋は五稜郭城と共に敵味方とも守備として望みをかけた事は必然であろう。

明治元年十月二十一日脱走軍と箱館府との間は遂に決烈して峠下村からまず戦いを開いた。

新選組副隊長土方歳三の一隊は、川汲峠より箱館を目指した。官軍の守備は七飯村、大野、亀田、桔梗野と転戦したが、戦意全く振わず、悉く敗北した。

戸切地陣屋の守衛、竹田作郎忠憲、志村進吾を始め槍剣隊長佐藤破魔等は兵を進め、文月村より大野村意富比《おうひ》神社附近に敵を迎え要撃したが、屯田兵式位の兵士と、幾多の戦歴を有する脱走軍の前には、敵し難く一戦を交うるや忽ち撃破せられ、午後に陣屋に退き、自から火を放ち、有川村に退去した。

十月二十六日脱走軍箱館占領後松前藩と和して、同盟して蝦夷地の守備を図ろうとしたが、ならず、防戦の松前城も遂に十一月五日落城した。

二、種田惟善日記について

この日記は、種田惟善（のぶよし・ただよし）のいづれか、判明しないが、漢和辞典によると、人名に用いる場合は、惟を「のぶ・または、ただ」と用いるとあるから、種田金十郎惟善《のぶよし》と、私は解釈した。

この表紙には、

慶応四年十月
日　記　　　惟善

と記されている。

慶応四年（一八六八）十月十八日から、明治二年（一八六九）四月までの、箱館戦争の前後の期間に記録したもので、刻々と迫りくる脱走軍の対応から始まり、松前藩と戸切地陣屋の守備の有様には、緊迫した状態が詳細に記録されている。

特に慶応四年（一八六八）の九月八日は、新政府は明治元年（一八六八）施行されて、十月七日には箱館府は、来春より奥州暦を廃止て、「伊勢暦を用いることを命ず」とあるから、慶応と明治の境に狂いがあっても仕方がない。

慶応四年（一八六八）十月二十日、脱走軍（榎本艦隊）は、噴火湾の森村鷲ノ木に上陸し、兵を分け宿野辺村廻り箱館と、川汲廻りの五稜郭に向かう。十月二十四日、戸切地陣屋を焼く、金十郎は、濁川（現清川）の名主、高田左吾兵衛に協力させた。陣屋築城の空堀人足の集めかたから、郭内の建物建築に労したで苦労話は、名主の息子や土地の古老たちから聞いている。

翌二十五日金十郎に、御家老尾見雄三より連絡が入り、後陣屋軍用金五百両持参するよう達しがあり、松前城に出向したことなど記録にあるから、松前藩の勘定方の重職にあった。種田金十郎の松前藩士履歴調によると、嘉永三年（一八五〇）三月の松前城の改修工事が始まった時の、六月十六日には「築城ノ事ニ従ワシム」とあるから、種田金十郎や種田徳左衛門の物心両面の働きが記された「農時特志者履歴書上磯外四ケ村戸長役場」などに詳細に記録されている。

この松前城の新城築城の時に金十郎が献上した三百両や、松前崇広が老中（格）に就職した時の祝金二百両を献納した記録がある。この幕末時代に幾ら金の値打ちがないにしても、一両を仮に現在の金額十万円に換算したら、五千万円の寄贈である。

この時代金十郎が大網・引網を廃して建網で取る千石余の鯡の売価が一千五百両だったと記録されているから、百両や二百両は、金十郎の巨財から見れば差程のことではなかったか、どれほど松前藩の力になったか過言であるまいと思うのである。

幕末の全国の諸大名が藩財政の困窮で苦しんでいる最中、松前藩が弘化元年（一八四四）の十一月に、当時江戸城の造営費用として一万両の献金を申出たが、幕府は「辺要（北方警備の必要）の備えにせしむ」とあるから、こうした献金の陰には、種田金十郎や徳左衛門等の力があったことは伺える。

この日記は明治四年（一八七一）六月二十七日までの会計支出金や物資の出入りが詳細に記録されている。

三、箱館戦争関係日記の部分

本来ならば前段の日記に続くものと思われるが、会計文書の中で有形無形の形で箱館戦争に係わる記録であり、北方警備に命ぜられた諸藩と、新政府や松前藩、津軽藩との関わりに触れるので、日記を別にして解読したものである。日記は、明治二年（一八六九）二月六日より同年十二月二十六日までの記録で、箱館戦争をはさむ日々の日記で余白が多いが、几帳面な金十郎の会計事務や、物資の出入りが克明に記録されている。

特に布告や軍の申合せ事項、新政府軍の軍艦の動向などとともに、兵士の日常必要品をも詳細に記録されてもいる。

四、御用状案文留

この文書の表紙には、「明治二年（一八六九）巳年八月御用状案文留　会計局」と記されて、明治二年八月五日あたりから、翌年の正月十三日までの御用状文書の文案留である。主として、金十郎が会計局権督事の重職についてから、会計局の権督事連名に当てたもの文案留で、主に津軽米、越後米、加賀米などの出入りの俵数を見ても、当時の北海道の稲作が、低い水準であったかを知る。その時代の蝦夷三港（箱館・松前・江差）の回船業に関連した物も多くあり、明治維新の混乱期を乗り切るための経済の動向がよく分かる。種田金十郎の「種田家文書」に残された元本は拝見したことがないものの、金十郎の筆書や文書は並みの人とは思われない。よほど教養を身につけた人物と考えられる。

この文書は、松前藩の一小荷駄係から先手組・戸切地陣屋の士卒を卒えて衛成となり、勘定吟味役や、機械奉行、砲術教授の首班などを勤め、松前藩の会計局の権督事として、樺太（サハリン）の守備や、明治維新の混乱期を乗り切り、箱館戦争の戦いを生き抜いた種田金十郎と種田徳左衛門が、松前藩の藩財政に尽くした功績はこの残された文書によって大方を知ることが出来る。

私自身が、北海道大学附属図書館北方資料室にある「種田家文書の写本」を拝見していない、ましてそれをコピーした種田謹一氏が手間暇かけて、コピー屋の店先でコピー客の合間を縫いながらコピーしたものだから、相当混雑した仕事であった事、綴り方も実物との相違が多少重複したり、変形にコピーされたものの写本であったなど、判読推測の域のものもあろうと思うが北海道に残る古文書として、その時代を知る絶好の資料であるとの思いで解読した。

五、漁業経営の関係書類

この文書は、種田家一族が経営するモロラン・フルヒラからの海産物の石高や、金銭の取引きなどを記録したもので、慶応四年(一八六八)二月二十四日から明治三年(一八七〇)三月までの道南各漁場の漁獲高などを記録したものである。明治維新の混乱期にありながら、種田徳左衛門、金十郎、徳之丞の三人が団結して経営に当たった事歴の記録である。

会社経営でもしてるなら記録保存が出きるだろうが、個人経営に等しい形の中で、これだけ詳細に記録されたものは、そんなに残されてはいない。当時の金十郎が残したは、北海道の水産漁業史に役立てる資料だと思う。

余話　種田金十郎氏にまつわる語り

イ、有川大神宮の十六代宮司種田留右衛門氏からの語り伝え

私が昭和二十五年（一九五〇）五月、種田家の宗家、種田留右衛門氏（有川大神宮の宮司で、初代種田胤直から十六代の当主・北海道神社協会々長）から、種田金十郎氏の松前藩士の仕事や、∧〆種田家や、∧〆種田家の祖先の系図などを拝見させていただきながら聞いた話を纏めて見ることにした。

今では、金十郎氏を語れる人は誰もいない。留右衛門氏は九州の福岡県大牟田出身で、陸軍少尉、俳号は玄月と称して文人であった十五代種田等の長女、種田重枝《しげえ》さんの婿養子で、金沢家から入籍された方で、神職になるまでは、大倉喜八郎に使われた人であり人格者であった。小隊長仲間で親友であった京都の俳句結社の「花之本霞遊師」（芭蕉の蕉門十哲を祖にして古道派の俳句の名門）と仲が良かったから、奥座敷の床の間に大幅の「花之本霞遊師の掛軸」が、掛けてあった。現代の俳人達は分からないだろうが、古道派の「花の本家」階級段位など知らないだろうが、私が昭和十五年三月、就職した上磯郵便局には、俳人が、紫水・一蕉・千春などがいて、すぐ上磯俳壇に加入した。毎月の句会（運座）に出席していたから、留右衛門氏の雅号も、花之本聴秋師（花之本十三世）から頂いたもので「玄月」であり、霞遊師は花之本の十四世であるから、我々の遠く及ばぬ俳人であった人である。

ロ、種田金十郎氏と種田徳之丞との関わり

種田金十郎氏は、∧〆（やましめ）種田徳左衛門の婿養子で、∧〆種田家の八代の当主である。徳左衛門氏が、婿養子の金十郎を八代を継がせ、金十郎の次男の徳之丞を∧〆（いりしめ）種田家を別家として、兄弟で事業にあたらせた。

長男金十郎は、頭の切れること、人情の厚いこと、親に孝行な人、礼儀の正しい人柄であったので、〆種田家を相続して、常に金十郎は徳之丞を引き立て協力しあった。

徳左衛門は、種田萬三郎を祖先に七代目で、有川村（旧上磯町・現北斗市）の大網元で農地から山林の大地主であり、松前藩士を勤めていた。その〆（やましめ）種田家を継いだ金十郎は、農業の開拓から、漁業も今までの大網や引網から建網にして、漁獲金は莫大な資産となり、徳左衛門と金十郎、徳之丞の三人の時代は、種田家の全盛を極めた。

ハ、種田金十郎氏の事業とセメント会社の関連

昔の箱館湾には、鯡や鰯に鯨などとれて、鯡や鰯はキリン絞りで漁油を取り、絞った粕は天日に干して漁粕となり、北前船の上り荷として、商売になったから、金十郎はその資産を惜しげもなく、松前藩や郷土、上磯のために注いでくれた。

上磯セメント会社の創立の話などは、発表されているから省略するが、現在の北斗市（旧上磯町）にある太平洋セメント会社が使用している海上輸送の桟橋は、金十郎が邸宅を建築に必要な南部檜の丸太、三百石高であったか六百石であったか、海上を筏を組み、動力船で上磯に運んだ時に作った桟橋を、そのまま終戦後まで使った。それが今形は変わったが、この桟橋は、金十郎の邸宅建材の陸に上げるために作った桟橋である。

この大きな丸太の檜材は、四十八尺もの大黒柱になったり、すき、かもいに長尺で使われた外、屋根裏や床下などは人一人が入れるだけの組木つくりで、畳下には銅線（八番線）の金網が敷かれていたと伝えている。大黒柱やすき・かもいなどは、東光寺の庫裡に残る。

ニ、邸宅解体にまつわる話題

金十郎氏が、南部檜を陸に上げて有川の川岸で半年かけて塩抜き、一年かけて天日に干し揚げて製材した。その場所も下町（現中央二丁目）松山製材所の裏らしく、上町（現中央一丁目）広徳寺の隣地に邸宅を新築したから、建築材

に仕上げや運びに便利な場所であった。邸宅の間取り、床の間、欄間などには、実に凝った技量の大工を採用し、当時の上磯村に越前瓦の上った邸宅であっただけに、人手に渡って解体となって、当時上磯の大工の棟梁であった三橋円次郎さんが、一月かけて解体口《ほごしくち》を探しても、発見できず。飛驒から大工を呼んで、数カ月後に鬼門の縁の下からの解体口を見つけたと言っていた。如何に金十郎氏が松前藩士の重職にあっただけに、身の廻りや警護のため、また松前藩や幕府の役人達の応接に、気を使ったかが伺える。

ホ、戸切地陣屋の構築や松前藩に献上金、郷土上磯に尽くした功績

陣屋の構築は、四角の陵塁の空堀の人夫の動員に、当時の有川村の名主小杉六兵衛、戸切地村の名主高屋甚左衛門、濁川村の名主高田左吾兵衛、中野郷名主・井上源兵衛、三ツ谷村名主小西四郎衛門等を動員して毎晩の様に寄り合い会議を開き、人足集めに奔走した。陣屋の守兵の糧秣を惜しげなく差出し、浜の使用人を交代で堀の土堀の作業に廻した。現代の機械の無い時代に、あれだけの空堀と土塁を築城することは、並み大抵ではない、亀田の四陵郭や五稜郭だって、同じに相違ない事業だったと思う。

ヘ、〆（やましめ）種田金十郎の有川浜で雇われていた花田作太郎さんは、私にこう語っていた

「中村さん、私は十二歳頃、〆種田金十郎さんのところで雇われ岡廻りの仕事をしていました。学校にもいかなかったし、字も読めねぇ人間で、明治時代の兵隊検査に甲種合格したが、母一人、子一人の私は、母親を残してどうしたらよいか毎晩考え寝られない日々でした。一週間も悩んで粕干ししていたら、親方の金十郎さんが「作太郎、今日の晩、お袋を連れて家に来い、晩飯用意しておくから」と言ってくれました。

その晩お袋を連れて、お屋敷の勝手口から入ったら、代理さん（〆種田の執事のこと）が出てきて「よう来た、座敷に上がりなさい、主人（金十郎）が待っている」と言われ、叩きの土間で足を洗い、母と座敷に上がりました。始めて畳の上に座った時は畳の温かさにびっくりしました。筵をしいで寝ている私達は、お屋敷の奥座敷で親方様から

「作太郎甲種合格おめでとう、お袋さんりっぱな息子さんによく育てたあんたは偉い、息子さんは天皇陛下の家来に選ばれたんだよ、今日は遠慮しないで一緒に夕御飯を頂きましょう。作太郎一生懸命働いてくれたからと言って餞別を拾円戴いて、これで紋付き羽織袴、着物買って入隊しなさい。残った金はお袋の小遣いに置いて行きなさい。お袋さんは明日から、台所の手伝えをしてもらうことにしてあるから」と言われた時、私は涙を流して泣きました。こんな神様みたいな人に使われてよかった。安心して三年の軍隊生活をして帰り々に働いたお陰で今日があります。私は死ぬまで神様に手を合わせて拝む時々種田の親方さんばも拝みます」言っていたことを記憶している。いかに金十郎は心の広い、温い情けの人であったかを知るいい話である。

当時一日十銭か十二銭で雇いして暮らしていた花田作太郎さんにとって、莫大な祝い金に腰ぬかしたくらいだったと言うていた話を、私は直接本人から聞いている。

ト、明治二十七年から二十八年に及んだ日清戦争

負傷した郷土上磯村の兵士が広島陸軍病院で入院治療していた。その兵士をわざわざ広島まで見舞いに出掛けて、郷土上磯出身の負傷兵士に一人当たり二円の見舞金をのべてその快復を祈り、同院に入院の負傷者全員に一円の見舞い金を申し出て、広島陸軍病院長が深謝した話も残っている。

このような話について、種田留右衛門氏は、金十郎さんと言う人は、自分の所で働く（漁場の雇いにも、農業の小作人にも、屋敷の人力車の車夫たちにも、賄い方の婦女子にも）面倒見の好い人柄だった。浜廻り、箱館や茂辺地あたりまでは、人力車で用事を足した人で、屋敷では毎日、四十人から五十人の人たちがご飯を食べていた。

チ、新しい戸長役場が出きれば……

戸長とか、郵便電信局の認可を得て、駅逓宿の廃止になると局舎を建てて、上磯初代郵便・電信局長に就任したり、上磯村の住民に利便を図った。

学校令がでれば、早速浜の番屋を解体して学校を建築、敷地などは分家の〆種田徳之丞に寄付をさせたり、子供たちのために校内の敷地に、グランドの広場まで寄付した。私が上磯小学校に入学した時の昭和七年頃は、このグランドで運動会が出来た。

その後、大きな町設グランドが出来て、函館の野球クラブの太洋クラブや、上磯野球クラブの大会が度々行なわれた。

リ、公益に尽くした〆種田家と〆種田家

学問の勧めは、金十郎が江戸時代から熱心な人であったことは伺える。金十郎の長男である種田織三は、松前藩から只一人、江戸幕府の昌平坂学問所（湯島聖堂）の留学生として学び、後に東京の大森貝塚の発掘で有名な、エドワード・モースの助手として活躍した日本の考古学の先鞭を作った人である。

種田織三はその後、山形中学校（現山形東高校）に教諭となり、最終には広島県の忠海中学校の校長となって、日本海軍の水兵服を発案して、現在でも水兵服は使われている。

公立上磯病院の建設や郷土を始め、北海道の産業開拓に尽くされた数多くの功績は、あまりにも多く語りつくせない程だと、種田留右衛門氏は語っていた。

ヌ、今でも残る金十郎の黄金の隠し金の伝説

終戦後まで残っていた〆種田金十郎が隠した金銀の謎は、古老の人たちのよく話題になった。

金十郎の邸宅は上町の広徳寺の隣に建ててあった。金十郎の隠した金銀は、邸宅の前庭にあった池の底に隠したと伝えられ、箱館戦争の時、一時四斗入りの水瓶に入れて蓋して池に入れた。後で堀かえしたのを見たとかそうだとかと、隠し場所について話が大きくなった　未だにその話を話題にして茶呑みの語られ、誰も手をつけた人はいない。

明治十二年（一八七九）五月二十六日、上磯郵便局長に就任したのだから、貯金もしただろうし、函館に銀行が開かれたりしたから、他人様が心配しなくてもよろしいのに、渡島の王様だったから話題が生まれるのだと思う。

ル、金十郎が建てた「種田家累代之墓石」について

現在の北斗市中央一丁目（旧上磯会所町）にある禅宗の広徳寺にある種田家累代之墓は、寺院の参道正面に向かって左側の、檀徒の墓地の入口にあり、幅二メートルに高さ四メートル位の、青見影石の一枚岩に彫られた墓石である。金十郎は神社仏閣の信仰に厚い人であったから、広徳寺の寺院改修などには、積極的に献納していたため、墓石は他の檀徒と別に指定された設置された。宗派寺院の功労者は、昔はその様な特別な場所が、寺院で扱ったようである。

この墓石について、本来ならば〆（やましめ）種田家の子孫が維持管理するのが当然だが、東京に引越してからは、金十郎の分家、つまり〆（いりしめ）種田家が広徳寺との維持管理を続けてきたが、信也君の時代に私に「広徳寺の方から寺院の改修工事などの寄付も大きいし、その他の寺院関係の費用負担も、なにせ墓石が大きいのにその土台容積が半端でないので、広徳寺の檀徒を辞した。俺の祖先は種田家は、有川大神宮の宮司から別れた神道だから、神道墓地にも墓石があるので切り換えた」と生存していた時に話を聞いている。話の最後に「中村君、家紋と墓石は大きくするなと、たとえある全くその通りだ」と言っていた。

オ、箱館戦争と〆種田家と、〆種田家の関わり

品川沖を脱走して蝦夷地を目指した榎本軍は、その途中新選組の土方歳三等を乗船させて、噴火灣の鷲ノ木に上陸、宿野辺村廻りと、南茅部の川汲廻りと二組に別れて箱館に向かった。五稜郭を占領して、土方歳三は一隊を連れて福山城（松前城）に向った。箱館の次には有川を占領し、〆種田家を占拠し、徳之丞と徳兵衛等を縛りあげ、納戸に放りこんだ。二人は当時松前藩の小荷駄係として藩士であったから、情報を漏らしたりしたら、わが軍に支障ありとして、その様にしていた（「渋谷金十郎日誌」による）。当時の〆種田家は柾葺きの二階建ての家だったから、歳三は並みと違うと見たらしい。その当時の金十郎は、松前藩主が津軽藩下の弘前に逃れたいので、金十郎は下北の左井村に密航して弘前まで徒歩で出向き、軍議に参加していた。

〆種田家は、徳左衛門が七代で金十郎が八代、九代が織三で、その後が励三（改名と基宏）であり、あとは不明である。次男の徳之丞が、分家として〆種田家を興して祖となり、徳之丞、徳兵衛、庫平、信也、剛と続いている。徳之丞や徳兵衛も働き者で、本家を凌ぐ程の財を成して、有川村や上磯村の産業や農業、漁業に成功して、公益のため尽くされた今日の〆種田家がある。

種田家の宗家は種田留右衛門氏で十六代、十七代一郎、十八代信二と続いている。別家の〆（いりしめ）種田徳兵衛は元治元年（一八六四）四月二日に、二宮尊徳翁の門下生で札幌村の開村の父と言われる大友亀太郎に、三人目の娘サダを嫁がせて、四男一女の孫をもうけた。大友亀太郎は小田原に生まれた農家の出たが、幕臣に取り立てられて、箱館奉行の指揮下で、道南地方の開墾や開拓を成功させ、その後札幌村（札幌市）の開拓した一人である。徳兵衛が亀太郎の仕事ぶりや人格に惚れ込んで、サダを亀太郎に勧めたのであることなど今それを語れる人はいない。本年は大友亀太郎が着村百五十年の記念祭が執行されると聞いている。今は亡き〆種田信也君の代わりに、私は記念祭に出席する積もりである。

安政二卯十一月

アナタヒラ御陣内御取向定書

惟善花押

御陣内御取向定書

一、壱番御長屋台所之儀ハ同所付書役足軽ニ而致取締御備頭ゟ以下足軽小者共迄打混一体之手賄ニ而同所付諸道具者勿論手賄入用品請取方等迄都而右取締向者書役足軽ニ而万事取締尤焚出賄方等者小者共扱之事

一、弐番御長屋者同所付取締足軽ニ而是又前同様同人とも取締方いたし都而壱番長屋同様取扱之事

一、前両所台所渡薪者榑木ニ而相渡間日々焚用割方之義心付之小者ニ而当番相立為取扱候事

一、前同様日用遣水汲方之義も同様取扱ハセ候事

一、足軽長屋置付道具類預者勿論其外手賄入用品請取方等迄惣而与頭小頭ニ而万事惣取締致し台所者賄方日々当番足軽両三人罷出手賄取扱尤仲間三人付置候間薪割方水汲等も為兼候事

一、居風呂者壱番御長屋ニ壱ケ所外ニ大居風呂壱ケ所都合弐ケ所ニ候間壱ケ月ニ六敷ツヽ被下候処拾弐度相立壱番御長屋居風呂者御役人ゟ士中

迄一日御徒士ゟ下代迄一日御徒士ゟ下代迄一日大
風者足軽ゟ仲間小者迄惣人数凡百弐拾人程
之処一日六拾人位ツヽ両日ニ被下候事
　但居風呂立方之儀者仲間ニ為致候事
一、障子並行灯張替又者切張等年々御人数
交代前御勘定所ニ而切張取計候得共其余
部屋〳〵切張等者自分入用之事
　但御座敷廻ニ御玄関者勿論長屋〳〵の
　入口障子之儀者御勘定所持之事
一、外廻り格子者壱ケ年ニ壱度秋中御勘定取持ニ而
張替之事
一、畳者壱ケ年ニ壱度交代前表替縁替等者
御入用ニ而取繕候事
　但御役人以下下代迄詰所ニ小松表
　黒縁足軽詰所者琉球表白縁仲
　間小者部屋ニ者琉球表縁なし
一、米被下方者御役人上下一同小者迄一日壱人ニ付
白米五合ツヽ仲間之儀者日々働方骨折候ニ付
御城下振合通壱人ニ付一日玄米七合五勺ツヽ被
下候事
一、味噌者仲間小者限り壱人ニ付一日ニ弐拾四匁ツヽ被
下候事

一、魚油被下方者行灯壱ツヽニ付左之割合ニ而相渡
其余者焚込候節者自分入用之事
　四月ゟ八月迄
　　壱ケ月五合
　九月ゟ三月迄
　　壱ケ月七合五勺
但附木燈心之儀者御門番所夜廻リ並ニ長
家之台所付行灯其他仲間小者部屋家限
リ被下其余詰所部屋ニ者皆自分入用之事
一、炭被下方者炉壱ケ所ニ付左之割合ニ而相渡其
余焚込之節者自分入用之事
　四月ゟ八月迄壱ケ月
　　黒炭　弐本
　　但壱本目形八貫百匁
　白墨　四本
九月ゟ三月迄壱ケ月
但目形前断尤黒炭ニ而相渡候節
　小樽炭壱本別段被下候事
　　炉数左之通
壱番御長屋

御　備　頭
脇御備頭　壱ケ所宛
御備目附
　五所
書役部屋
御貸人部屋
弐番御長屋
　士中弐部屋　四ケ所
御徒士目付　壱ケ所
御　徒　士　弐ケ所
御　医　師　壱ケ所
取　締　足　軽　壱ケ所
　〆九ケ所
足軽長屋
　八部屋ニ而　拾六ケ所
御勘定所附御長屋
御勘定吟味役　壱ケ所宛
下代部屋　五ケ所
手付足軽弐部屋
職方部屋
御門番所　壱ケ所
夜廻リ

〆三拾七ケ所

一、薪之儀者左之通割合ニ而被下候御勘定所台所
壱ケ月分
　四月ゟ八月迄
　　榑木　壱敷
　　但榑木壱敷ニ付　百拾榑
　　張木壱敷ニ付　五尽（マヽ）ニ壱丈
　　　片サン張
九月ゟ三月迄
　同　弐敷
　但壱敷ニ付前同断
同所大釜壱ケ所壱ケ月分
四月ゟ八月迄　半敷
九月ゟ三月迄　壱敷
　但壱敷ニ付前同断
壱番弐番長家台所壱ケ所ツヽ
壱ケ月分
　四月ゟ八月迄　七分五厘
九月ゟ三月迄　壱敷半

足軽長屋台所壱ケ所一ケ月分
四月ゟ八月迄　壱敷弐分五厘
九月ゟ三月迄　弐敷
御厩付仲間部屋壱ケ所ケ月分
四月ゟ八月迄
榑木　三拾弐本半
九月ゟ三月迄
同　六拾五本
但御厩ハ夜四ツ時迄御馬飼立候ニ付右之通
相渡
仲間部家並小者部屋者総一ケ所一ケ月ニ付
四月ゟ八月迄
榑木　弐拾五本
九月ゟ三月迄
同　五拾本
但炉数左之通
壱番御長家付小者部屋　壱ケ所
弐番御長家付同　二ケ所
御勘定所付　同　壱ケ所
大　部　屋　二ケ所
〆六ケ所

一、自分賄ニ付上ゟお渡被成候米炭薪油此四
廉外者皆自分入用ニ而願請日用相弁候事
一、三ケ所御長屋台所渡諸道具並詰所部
屋ニ渡諸道具之儀者右台所取締之足軽江
道具帳を以此度引渡候間年々御人数
交代之節者右引渡帳面を以請取可申候
且手賄諸品請取帳並ニ同断願請帳壱冊
ツヽ台所取締方へ相渡置其外御人数一同
銘々諸色願請通帳者銘々ニ而差出可申候
且願受品代上納之儀者其月之勤番料者翌月三日ニ相渡
毎月月後れに被下候間其節上納可致候事
一、足軽共願請品代上納方之儀も前段之通取究有之候処
辰三月中依頼勤番料被下方其
月之分其月三日十五日両度ニ相渡候間願請品代之儀
者即上納之事
一、御役人を始士中御徒士御医師下代足軽共迄壱部ニ付
鉄瓶壱ツ土瓶壱此度相渡候得共土瓶之儀者痛候ハヽ
自分入用ニ而代リ備置可申事
一、前同断部屋〳〵江茶呑茶碗人数ニ応し此度相渡候得
共是又痛候ハヽ自分入用ニ而代リ備置可申候事
一、三御長屋外廻リ掃除方者仲間ニ而取扱候得共内廻リ掃
除之儀者小者ともニ而取扱塵埃等御長屋前江溜置不申

御門外捨場へ取捨可申事

一、実子箒布巾渡方之儀者交代之節部屋〳〵江壱ツッ、被下候得共痛候は、其余は自分入用之事尤御長屋の台所並仲間小者部屋者

一ケ所ニ付実子箒壱本雑巾壱ツッ、痛候はゝ代リ品相渡煮家付竹箒之儀者萩筆ニ而相渡候事

右之通有之候間此段相達申候以上

卯十一月

一、所蔵者　東京市小石川区水道端　種田基宏氏
一、拾四枚綴ノモノヲ全写ス

明治二巳年八月

御用状案文留

会計局

一筆致啓上候、然者最前ゟ得御意候大小荷駄ゟ願請米千五百俵之儀者何時ニ而も御渡之事ニ御沙汰ニ相成候間、左様御承知可被成候、随而御地江積取座船穿鑿中ニ候間、取極次第早々差廻し可申候、尚又此上御払米有之候ハヽ、何程ニ而も願受仕度候由、大小荷駄掛リ宮城七之助、三浦唯五郎江も申談置候、当方市中売米不足ニ付、日々セリ上ケ願受申込之向も有之候ニ付、暫時御払御見合之趣ニ致承知候、尤当方市中相場昨今六拾四匁ニ相成申候、

一、溝江藩会計方富樫省吾外商人両三人米取組一条ニ付、最前ゟ相越居候ニ付布施候ニ面会之上取組方談中ニ御座候間、取極之次第柄者追而取極次第可申遣右一条泉ゟ執政、参政御中にも御談ニ相成候義ニ有之候間、左様御承知可被成候、此節当府御取組中ニ付、御用済次第御地江も相越候筈候、

以乗切一筆致啓上候、然者最前ゟ御申越之米之義布施泉倶ニ周旋罷在候得共、何分大小荷駄ニ而御決評ニ相成不申延引いたし候、然処当時御払米千五百俵程有之、尤米ハ越後、津軽

両口之内何れも元升ニ而直段壱俵ニ付三両三分
弐朱之趣、当時升立候而も四斗内外有之候哉承知
いたし候、尤当方市中相場五拾四五匁ニ御座候得
共、御地蔵米ニ而四拾八匁之趣、左候得者願受直
段江運賃并ニ等差加候節者凡御地届五拾四匁位ニ
相上リ可申、其上最早会議所御引揚ニ付、代
料者当年中ニ相納候様可致旨被仰出候、乍去
入米不足ニ付、前段直段ニ而も可然候ハヽ、乗切ニ而
御申越可被成候、御引揚ニ付、市中ニ御払に
相成可申哉も難計旨、其向ゟ御内意も有之候間、
右之段御含早々御決評之上御申越可被成候、
一、先頃堀真五郎殿江操替金札来月御宛行当テニ
被成置候ニ付、泉江申談之上尽力可致旨
被仰越承知いたし候、同人義も御地之義者
深く心痛日夜周旋罷在候、何れ不日ニ帰宅
委細御談ニ可相成候間、左様御承知可被成候、
右之段可得御意如斯御座候、恐惶謹言
八月十四日　　種田金十郎
戌上刻
会計局
権督事連名殿

去月廿八日附御用状一昨三日相達致拝見候処、
然者当年御地入米不足ニ付、当地在陣官軍
会計大小荷駄ニ而御払米有無其向掛リ江相伺
候処、当時三千俵計リ有之趣、乍去御定御払米
と申儀ニも無御座候得共、当地も米不足故市中
ゟ御払請之儀、時々願出之趣致承知候ニ付、布
施泉江申談願受致度奉存候、同人義ハ当
時病中故一両日中ニ出勤之上尚周旋致候積ニ
御座候間、委細者追而可申遣候得共、此段不取敢
可得御意如斯御座候、恐惶謹言
八月五日　　種田金十郎
会計局
権督事連名殿

別紙致啓上候、然者最前尾山徹三当方江出
役之節、近年御陣家御入用相分候ハヽ、取調可
申越旨御申聞ニ付、百川実宅江相越日記類取
調候得共、旧冬一条ニ付諸書物類一切無之候得
共、寅年頃迄者凡三千四百五両位ツヽ、升辰年者
五千両以上ニ相成申候、外ニ御地ニ而支度料
小者給金前渡之分全く御陣家御入用之廉
凡八百両位ツヽ、有之候筈候間、左様御承知右之

段徹三君御申聞可被成候、右御入用之内ニ而
村置米代も有之候間、左様御承知可被成候、
右之段可得御意如斯御座候、恐惶謹言
八月十四日　種田金十郎
会計局
権督事連名殿

一筆致啓上候、然者此度大小荷駄ゟ願受米
千五百俵之内、千弐百俵御地廻しニ付、問屋請負
人共ゟ右代料当テニ而伊藤連三持参いたし候得共、
三百俵当御留主所御入用之分代料御差廻し無之
最前堀真五郎殿江御用立候金札を以相払可
申旨御申越ニ付、布施泉江申談候処、当時函館府
御金操(繰)御不都合、殊ニ青森表ニ而壱万両位も拝借
有之厳敷款願も相成兼候間、右三百俵代料之
義者御地ゟ御差廻しニ相成候様御談ニ相成
候ハヽ、可然旨被申聞候間、早々御差廻し可被
成候、尤此節賃金御調中ニ而通用停止ニ付、此度
御差廻し之願受米代も十ケ一位ゟ相納不申哉と
代金心配罷在候間、前段三百俵代之義者精
金御差廻し可被成候、右之段可得御意如斯
御座候、恐惶謹言

八月廿七日　種田金十郎
会計局
権督事連名殿

一筆致啓上候、然者兼而会議所ゟ拝借之内青銅
拾弐斤大銃弐門台共、其外矢不来ニ而分捕大銃
玉取合九ツ玉抜壱本、刀身計壱腰手先靏吉、小
三郎両人ゟ差出候分、尚又最前下国瀧三出役ニ而
取調置候、昨年御陣屋焼払之節散乱ニ相成候
品々并在住御人数荷物共別紙送リ状之通吉
岡村八兵衛船江積入差廻候間、着眼之上瀧三
江御尋宜御取計可被成候、
一、御地唐津内町御百姓嘉作義スナイシル弾薬弐千
発当地ニ売用有之趣、最前御地ニ而器械奉
行竹田作郎江申立候処、御入用有之候間、拙者江
申談之上御買上ケニ相成候様取計可申旨被申聞
段申立ニ付、夫々取調候処、紛敷品々も無之、直
段者下直ニ付布施泉江申談之上壱発銭弐百文ツヽ、
御買上此度前同船積入差廻し候間、宜御取計可
被成候、
一、最前鉄五郎御召捕之節、引上ケ候品々拾箇靏
吉、小三郎両人ゟ差出候ニ付、前同船江積入差廻し

候間、其筋江御差出方之義宜御取計可被成候、
一、八兵衛運賃之義ハ当方ニ而相定メ不申候間、御地
御振合之通御払可被成候、右之段可得御意
如斯御座候、恐惶謹言
八月廿七日　種田金十郎
会計局
権督事連名殿
送リ状ハ別帳ニ有之

一筆致啓上候、然者此度大小荷駄ゟ願受米
之内津軽米四拾五俵、越後米四百五十五俵都合
五百俵速ニ目形相改メ別紙送リ状之通御座
船津軽蟹田勘三郎船江積入、上乗阿部屋
利兵衛手代未太郎江申付、明廿八日ゟ風待申
渡候間、其着宜御取計可被成候、目形付
別帳ハ前同人江相渡候間、左様御承知可
被成候、右之段可得御意如斯御座候、
恐惶謹言
八月廿七日　種田金十郎
会計局
権督事連名殿

贈状之事
一、津軽米　四拾五俵
此目形六百九拾四貫弐百目
一、越後米　四百五拾五俵
此目形七千三百壱貫四百目
合米五百俵
此惣目形七千九百九十五貫六百目
但俵毎目札付船中用捨
無之減目者船中弁納之規定
此運賃金六拾弐両弐分
内　三分一
金弐拾両　当港高渡
残金四十弐両弐分　福山着岸之上
相渡候定
但米壱俵ニ付
運賃弐朱ツヽ
右之通津軽蟹田利合丸勘三郎春乗船頭
勘三郎船江積入差送リ候条、着岸之上壱
俵毎目形御改御受取可被成候、以上
箱館出張先
種田金十郎

松前
会計局
権督事連名殿

追而致啓上候、然者此度伊藤連三を以御注文紙類并外品々別紙送状之通吉岡村八兵衛船江積入差廻し候間、着岸之上御請取可被成候、右段可得御意如斯御座候、
恐惶謹言
八月廿七日　種田金十郎
会計局
権督事連名殿

一筆致啓上候、然者此度大小荷駄ゟ願請米之内ゟ越後米七百俵速ニ目形相改当箱館小林屋友八手船虎房丸伊勢松船江積入、上乗手先小三郎申渡明五日風待為致候間、其着宜御取計可被成候、尤目形帳ハ前同人江相渡候間、左様御承知可被成候、右之段可得御意如斯御座候、恐惶謹言
九月四日　種田金十郎
会計局
権督事連名殿

追而致啓上候、然者最前当府刑法掛リ佐藤泰助義別紙之通其刑法局ゟ借用持参いたし候趣ニ而御留主所ゟ差出候ニ付、虎房丸伊勢松船江積入上乗小三郎江相渡差廻し候間、御渡方宜御取計可被成候、右之段可得御意如斯御座候、
恐惶謹言
九月四日　種田金十郎
会計局
権督事連名殿

覚
一、籠　壱挺
一、細引　弐本
一、ホダ　壱
右之通御座候、以上

別紙致啓上候、然者サーフル拾九挺中ノ郷村虎吉ゟ御家之品ニも可有御座哉之趣ニ而、兼而差出置候分此度差廻し候間、其筋江御渡方之義宜御取計可被成候、右之段可得御意如斯御座候、
恐惶謹言

九月四日　　　　種田金十郎
会計局
権督事連名殿

一筆致啓上候、然者先便も得御意候通リ、兼而堀真五郎江貸上候金札御下ケ方之儀者迚も埒明不申、随而此度大小荷駄ゟ願請米千五百俵之内千弐百俵御地廻しニ相成候得共、当御留主居御入用三百俵代者精金ニ而早々御差廻可被成候、近日中ニ大小荷駄引上ケニ付、日々上納方御催促ニ御座候間、右之段御置宜御取計可被成候

一、溝江藩富樫省吾江米七千俵取組来ル十月中御地江積下之積リ、随而右取組約定書別紙之通ニ御座候、委細者一次久蔵置居候間、同人ゟ御承知可被成候、右之段可得御意如斯ニ御座候、恐惶謹言

九月四日　　種田金十郎
会計局
権督事連名殿

一筆致啓上候、然者最前御差廻し之大小荷駄ゟ願請米代之内悪金三千四百弐拾五両弐分出来候ニ付、右金ニ而上納方之義毎々ゟ向ニ款願罷在候得共、何分不都合追々切迫ニ相成昨夜明七之助ゟ相越尚々相款候処、内実申聞候次第も有之、今朝布施泉、有地志津摩殿江相越願候趣も有之候間、一両日中ニ判然と相分可申、右ニ付殊ニ寄リ残リ三百俵代も見悪金ニ而相納候様ニ成行トも難計候間、右之段者伊藤連三委細置居、尚泉ゟ其筋江申越候、儀者奉存候間、可然御取計可被成候、

一、弐分金不通用之義ニ付、御達有之、随而別紙を以愚存申上候間、其筋江御遣達方之儀宜御取計可被下候、東京ニ而者正金半方、紙幣半方ニ而贋金御引替ニ相成候趣承知致し候、左候ハヽ、御地贋金御引替之儀も当年中に者御引替ニも可相成夫迄之処、後難出来不申様いたし奉存候、右之段可得御意如斯御座候、恐惶謹言

九月七日　　種田金十郎
会計局
権督事連名殿

追而致啓上候、然者最前御注文紙代当方ニ而

立替相払候間、別紙売上之通御序便御差廻し可被成候、右之段可得御意如斯御座候、
恐惶謹言
九月七日　種田金十郎
会計局
権督事連名殿

一筆致啓上候、然者兼而万屋専左衛門ニ而大小荷駄ゟ御米四百俵代金四両弐分ニ願受之積リニ付、御入用も御座候ハヽ、御用弁仕度旨申出、幸ひ其節一戸久蔵出役中ニ付、同人江申談遣候処、其後弐百五拾俵ニ御減ニ相成、且直段之義も四両弐分弐朱ニ被仰付候旨専左衛門申出、然ル処福嶋、知リ内両村江右米御払米被仰付候趣ニ而則村役共代金持参相越候ニ付、福嶋江者百八拾七俵、知リ内村江者六拾参俵相渡候間、左様御承知可被成候、

一、最前下国瀧蔵濁川村江出役之節、同村名主左兵衛江預ケ置候夜具壱枚、懸布団壱枚、敷布団弐枚此度福島村治右衛門船江積入差廻し候間、御落手宜御取計可被成候、右之段可得御意如期御座候、恐惶謹言
九月廿六日
会計局　種田金十郎
権督事連名殿

別紙致啓上候、然者最前御注文之紙類別紙売上之通福嶋村治右衛門船江積入差廻し候間、御序便之砌代金御差廻し可被成候、尚最前布施泉出立之砌差送リ候美の紙四拾六帖代金八両弐歩弐朱是又御序便御差廻し可被成候、右之段可得御意如期御座候、
恐惶謹言
九月廿七日　種田金十郎
会計局
権督事連名殿

贈状之事

一、琉球包　壱箇
　内
　美の紙　拾束
　西の内　三束入
一、琉球包　三箇
　内訳
　薄白紙　弐拾束入弐箇
　西の内　三束
　仙　花　六束入　壱箇
　都合四箇
右者福嶋村治右衛門船江積入差廻し候条
着岸之上改御請取可被成候、以上
　　　　　　　　　　箱館出張先
九月廿七日　　　　　種田金十郎
　松前
　　会計局
　　　御中
追而致啓上候、然者最前□（マヽ）ニ付会議所ゟ
御渡ニ相成候御紋付□九本、同御尊台弐本
御紋付七流雨覆皮壱、右品々此長持江入此度
福島村治右衛門船江積入差廻し候間、改御
落手可被成候、右之段可得御意如斯御座候、
　　　　　　　　　　恐惶謹言
九月廿七日　　　　　種田金十郎
　会計局
　　権督事連名殿

一筆啓上仕候、然者去ル廿五日
東久世殿并ニ御役ニ御渡着ニ付、一昨廿七日裁
判所御引渡ニ相成、此節諸局御引渡中之由、尤
是迄当県勤来御役人之内芦沢鋭次郎、小
池仙之進、陶山忠三郎、大坪半右者精服ニ而御
用被仰付候趣、其外長谷部氏始附属迄不
残御免ニ相成申候、随而裁判所江御貸上之金
札如何相成候哉拙子限リ大坪江相越承リ
候処、清水谷殿御当所ニ居合中者堀、長谷
部両人ニ而取扱諸帳面類堀氏持参、其後
之儀者大坪取扱候ニ付、同人扱中之分丈ケ此度
御引継其前之分ハ東京ニ而御調事ニも可相
成哉前段金札之儀者同人ニ於ても相分兼候
旨申聞、殊ニ長谷部氏も五七日中ニ而引払ニ
可相成趣ニ御座候間、次第寄リ御同人江承

リ合取計候心得ニ御座候得共、此段不取敢申
上候

一、先便も申上候万屋左衛門ゟ越前屋慶
助借用之金札替金取早限月ニ付、催促有之
慶助江申聞候処、鉄炮代御下ケ金貴君江相
願置候間、右之内御下ケ無御座候而者前段目当
無之何卒差当リ半方ニ而も不苦候間、御下ケニ
相成候様貴君迄申上呉候様達而申出
別而此度之御引渡ニ付而も何角迷惑之儀も
有之哉ニ承リ申候、万一越前屋ゟ出金無之
候而者万屋江迷惑も相懸ケ可申候間、至急御
都合能く御取計之程偏ニ奉願上候、

一、兼而越前屋ゟ御談申上置江差関川江預置
難見分弐分判三千両程有之候分弥御入用ニ
御座候ハヽ、早々同人江御申聞御用ひ被成
下候様仕度着々御入用ニ御座候節者遣送
も有之旨同人申聞候、前段同人ゟ書状
差上不申候間、早々御入用有無御申越可
被成候ハヽ、右之段旁申上度如斯御座候、

恐惶謹言

九月廿九日　種田金十郎

布施泉様

一筆致啓上候、然者脇藤三郎儀当方出
役之支度料頂戴いたし相越候間、去ル五月
中参謀衆貸上候馬探索方として在方江
出役ニ付、路金差支之趣申出、無余儀筋ニ
相聞金弐両立替遣候間、其着同人ゟ上納
為致早速御差廻し可被成候、右之段可
得御意如斯御座候、恐惶謹言

箱館出張先

十月九日　種田金十郎

江差

会計局

一筆致啓上候、然者先便御申越之菓子、昆布
年々弐拾把ツヽ、御注文御座候ニ付、当年も例年
之通リ御留主居所ニ而御注文申付置候内、此
度五把差出候ニ付、福井淳三より則五把差廻
候旨申談残之分も追々差出次第差廻し候手
筈ニ御座候間、委細者同人より申遣候間、左様御
承知可被成候、最前御申越之御恢復後御
家中江当方ニ而御手当米被下方之義者別紙
之通リ御座候間、左様御承知可被成候、右之段
可得御意如斯御座候、恐惶謹言

十月廿六日　種田金十郎
会計局権督事
連名殿

覚

一、白米　壱俵　新井田豊太
一、同　壱俵　西村励三郎
一、同　壱俵　村井辺藤吉
一、同　壱俵　林宇右衛門
一、同　壱俵　児玉陸右衛門
一、同　壱俵　高井紀兵衛
一、同　壱俵　荻野伴五郎
一、同　壱俵　八木忠四郎
一、同　壱俵　高田長次郎
一、同　壱俵　多田　一作
一、同　壱俵　新岡　房吉
一、同　壱俵　厚谷　善吾
一、同　松谷　金作
一、同　藤田　真蔵
一、同　平井金右衛門
一、同　中西理十郎
一、同　白鳥彦一郎
一、同　森谷　弥助
〆拾九俵
但此分玄米之割ヲ以被下候事
右者拙者方ニ而相渡候分

覚

一、白米　弐俵　種田金十郎
一、白米　壱俵　西村励三郎
〆三俵
一、玄米　壱俵　森谷　弥助
一、同　壱俵　平井篤三郎
一、同　壱俵　中西理十郎
一、同　壱俵　白鳥彦一郎
一、同　壱俵　塩田谷保次郎
一、同　壱俵　江良篤太郎
〆　六俵
右者御留主居所ニ而相渡候分

別紙致啓上候、最前申遣候布施泉当地出立之砌差廻し候美の紙四拾六帖代金八両弐分弐朱御序之砌御差廻可被成候、
一、此度御注文之米当時有合之分弐拾七包

直段壱包ニ付弐朱ツ、御買入差廻し候間、御落手可被成候、外ニ先便見本として差廻し候分とも代金三両弐分ニ御座候間、御序便御差廻し可被成候、以上

十月廿七日　種田金十郎

会計局

権督事連名殿

一筆致啓上候、然者叶丸御船代金弐千七百四拾九両九匁人分佐野専左衛門より上納之分并ニ最前布施泉江御注文之鼠半切八〆代金四両弐分、西洋蝋燭百五十挺壱箱代金五両壱分弐朱ニ御買上蛯子清太郎へ相渡差廻し候間、其着改御受取可被成候、尤御買上品代金九両三分弐朱当方ニ而立替相払候間、御序便御差廻可被成候、右之段可得御意如此ニ御座候、如期御座候、恐惶謹言

十月五日　種田金十郎

会計局

権督事連名殿

尚々西洋蝋燭六挺入壱袋当方ニ而布施泉殿御入用之趣ニ而相渡候間、左様御承知

一筆致啓上候、甚寒之節御座候得共、上々様益御機嫌能被遊御座奉恐悦候、随而各様方弥御勇勝被成御勤益珍重奉存候、然者私義至急之御用被仰付十一月七日蒸気船江乗組東京江出府之処、御用相済、去ル九日帰着いたし候、尚又斉藤左司馬義も商法取組加州商社取組両人同道着艦いたし不日御地江相廻り可申候間、其節委細御談可申候、

一、金千両并ニ御用状其外莚包御用物六箇琉球包同壱箇都合七箇東京会計方ゟ御渡之分此段御用物丈ケ別紙送状之通津軽蟹田勘三郎船へ積入差廻し申候間、御落手可被成候、

一、加州商社取組人持参之加賀米并諸品共別紙送リ状之通前同船江積入差廻し候間、同人共着迄其侭御預リ置可被成候、委細之義ハ左司馬着之上御談可申、尚又金五両并御用状之義ハ同人江相渡候間、左様御承知可被成候、右之段可得御意如斯御座候、恐惶謹言

十二月廿日　種田金十郎

会計局

督事御中

別紙致啓上候、然者加州商社取組人送リ米并諸荷物別紙送リ状之通運賃金七拾七両壱分三朱、銀六匁壱分五厘之内江当方ニ而四拾両相渡候間、荷物御請取済之上者残金御払置可被成候、委細斉藤左司馬着之上御談可申候、

一、東京廻リ御用物七箇津軽廻御用物拾箇外ニ壱箇不分之分共都合拾八箇積入差廻し候間、此運賃壱箇ニ付六八銀壱匁ツヽ、御払可被成候、不分之荷物ハ左司馬相心得居候間、同人江御談可被成候、右之段可得御意如斯御座候、以上

十二月廿日　種田金十郎

会計局

督事御中

送リ状之事

一、東京餅米　百四拾八俵

此石五拾七石四斗八升弐合五勺

但目形帳済

一、加賀米　三百弐俵

此石百三拾三石六斗九升

合米四百五拾俵

此石百九拾壱石壱斗七升弐合五勺

但百石ニ付運賃三拾七両

此運賃金七拾七両弐分三朱

銀六匁壱分五厘

二日　金七拾七両一分三朱

〆　銀六匁壱分五厘

内

金四拾両　当港高相渡

差引

金三拾七両　御地着岸之上

一分三朱　御渡可被成候

右者津軽蟹田勘三郎船積入差廻し候間、御地着岸之上改御請取可被成候、以上

十二月廿日　種田金十郎

松前会計局
　督事御中
一筆致啓上候、然者此度東京廻リ加州商社
取組人荷物別紙送リ状之通伝治沢金七船
江積入差廻し候間、御地着岸之上御落手
可被成候、尚斉藤左司馬着ニ而御談可有之候
間、御預リ置可被成候、右之段可得御意如斯
御座候、恐惶謹言
　十二月廿日　種田金十郎
　会計局
　督事御中

　贈状之事
一、莚包大小　七拾八箇
　但壱箇ニ付運賃六八銀拾壱匁
　此運賃金拾弐両弐分一朱
　　銀三匁七分五厘
壱番
一、莚包明荷　壱箇
弐番
三ばん
一、同　箱物　弐箇
四番
一、蓙包　壱箇
五ばん
一、蓙包　壱箇
六番
八番
一、莚包両掛　弐箇
六番
一、小籠　壱ツ
七番
一、莚包小樽　壱ツ
一、両掛泥台　弐通リ

斉藤
□井《マヽ》　両名木札付
一、莚包　　　　拾壱箇
メ　荷物大小弐拾壱箇
此運賃弐両一分弐朱
銀三匁五分
二口
メ　金拾四両三分三朱
銀七分弐分《ママ》五厘
右者伝治沢金七船江積入差廻し候条御地
着岸之上御請取可被成候、以上
十二月廿日　　種田金十郎
松前
会計局
督事御中

一筆致啓上候、然者先前申越候通リ加州商社
取組人米荷物等別紙送リ状之通津軽青森
兼吉船江積入差廻候間、御地着岸之上請取
御預リ置可被成候、右之段可得御意如斯御座候、
恐惶謹言
十二月廿四日　　種田金十郎

会計局
督事御中
尚々目形帳差廻し候間、御落手可被成候、
以上

贈状之事

一、加州米　　百五拾五俵

此石六拾七石九斗九升七合五勺

但百石ニ付、運賃金三拾七両之割

此運賃金弐拾五両弐朱

銀三匁四分

一、莚包

但壱箇ニ付、運賃銀拾壱匁

此運賃金三両一分弐朱

銀弐匁弐分

二口

〆　金弐拾九両弐分

銀四匁六分

内

金拾五両　　当港高

相渡

差引

金拾三両弐分　　御地着之上

御渡可被成候

右者津軽青森兼吉船へ積入差廻し
候条俵毎目形相改御地着岸之上御請
取可被成候、

十二月廿四日　　種田金十郎

松前

会計局

督事御中

一筆致啓上候、然者先前申上候通賀州商社
取組人加賀米百俵別紙別紙《ママ》送り状之通り
箱館末吉丸定七船江積入差廻し候間、御地着
岸之上改御落手《可然》御取収可被成候、右之段
可得御意如斯御座候、恐惶謹言

正月七日　　種田金十郎

松前

会計局

督事御中

贈状之事

一、賀州米　　百俵

此石四拾四石八升五合

但百石ニ付運賃

金弐十五両之定

此運賃金拾壱両壱朱

銀八十七文

外ニ

金弐両　　御手当ニ

金拾三両一朱

〆　銀八十七文

但運賃金当港ニ而相渡

右者箱館末吉丸定七船江積入差廻し

候条御地着岸之上改御請取可被成候、

以上

種田金十郎

松前

会計局

督事御中

一筆致啓上候、然者先前申越候通リ賀

州商社取組人加州米并荷物等別紙

送リ状之通リ津軽青森永運丸貞吉

船江積入差廻し候間、御地着岸之上

改御落手運賃残金御払之儀者

落手談可被成候、尚米荷物等御渡し方

之儀も前同人江御談可被成候、右之段可

得御意如斯御座候、恐惶謹言

種田金十郎

松前

会計局

督事御中

贈状之事
一、賀州米　三百七拾弐俵
此石百六拾石六斗八升弐合
但百石ニ付運賃三拾七両之定
此運賃金五拾九両壱分三朱
永壱匁六分
一、莚包　四拾三箇
但壱箇ニ付運賃六八銀拾壱匁
此運賃金六両三分三朱
永壱匁八分
一、莚包大　弐拾箇
但壱箇ニ付運賃壱分ツヽ
此運賃五両
三口
〆　金七拾壱両一分弐朱
永三匁四分
内
金四拾両　当港ニ而相渡
差引
金三拾壱両　御地着岸之上
一分弐朱　御渡之定
右者津軽青森永運丸貞吉船江積入差廻し
候条御地着岸之上改御請取可被成候、以上
十二月廿八日　種田金十郎
松前会計局
督事御中

一筆致啓上候、然者賀州安宅之宝丸五三
郎船往復運賃弐百両ニ御座、半金御渡之上当地へ
御差廻し被成候得共、当地ニ而百石ニ付運賃三拾七
両之割を以是迄御座船ニ相成外御座船江も
差障リ候ニ付、船頭五三郎へ申談之上運賃
百石ニ付三拾七両之割を以取極メ賀州商社取組人積入為致運賃
加々米別紙送状之通高之内弐十両当港ニ而相渡し候間、残金御
地着之上御渡可被成候、右之段可得御意如
斯御座候、恐惶謹言
正月十三日　種田金十郎
会計局
督事御中

送リ状之事

一、賀州米　　四百三拾俵

此石百九拾五石三斗四升弐合五勺

但百石ニ付運賃金三拾七両之定

此運賃金七拾弐両一分

永弐匁六分七厘

内

金弐拾両　　当港ニ而相渡

残リ

金五拾弐両一分　　御地着岸之上

永弐匁六分七厘　　御渡之定

右者賀州安宅之宝丸五三郎船積入差

廻し候条御地着岸之上改御請取可被成候、

以上

正月十三日　　種田金十郎

松前

会計局

督事御中

奥書

一、原本ハ東京市小石川区水道端種田基宏氏所蔵ニ係ル

一、原本用紙半紙表紙共四十枚アリ内容ハ箱館出張種田金十郎ヨリ松前ニ輸送物品ノ取扱方及送状案文ヲ記セルモノナリ

一、写本時数左ノ如シ

昭和五年一月十日午前十時原本受領同日十一時ヨリ午後四時マテ四時間

十一日土曜日　　三時間

十二日日曜日　　五時間

計十二時間ニテ結了ス

辰閏四月廿六日ゟ五月三十日迄

裁判所出張御人数江御賄
被下御入用凡調書

賄方
下代
西村励三郎

覚

一、金　百弐両弐分
　　銭　百五拾四文

是者閏四月廿六日ゟ五月晦日迄
御人数江御賄被下候ニ付御賄品並
諸道具代諸品運送賃其外諸
向渡諸品代とも惣御入用御払高

内訳

金　六拾八両弐分弐朱
銭　三百拾文

是者前同断御人数御賄数五千
九百拾三賄ニ而薪炭並味噌醤油
都而御賄品代御入用高

此内訳

金　九両三分弐朱
銭　三百拾七文

是者樽薪三百五拾四本
割薪百三拾把代

金　七両弐分弐朱

是者白炭拾本
黒炭四拾四本代

金　四両弐分壱朱
銭　六拾五文

是者味噌四樽代

金　四両三分三朱　是者醤油　弐斗入三樽
銭　弐百四拾文　　壱斗入弐樽
金　八両壱朱　是者糠漬　四斗入三樽
銭　三百二十五文　弐斗入三樽
金　三拾三両壱分三朱　是者魚類並全ク
銭　弐百拾三文　御賄ニ付諸品代
〆　如高
金　三拾壱両壱朱　是者諸道具代並諸向渡
諸品代品々運搬日雇賃
銭　三百九文　銭並駄賃其外仲間給金御
手当とも惣御入用高
此内訳
金　拾九両弐分弐朱　是者諸道具代並諸向渡諸品
銭　三百九拾文　代其外痛桶類輪替代

金　六両弐分　是者箱館御裁判所迄諸道
具並御賄品運送ニ付日雇
銭　四百弐拾四文　三十五人壱人ニ付金三朱ツヽ
被下候高
金　弐両　是者前同断ニ付御米並諸品
銭　弐百文　弐拾三駄壱駄ニ付六百文ツヽ
被下候高
金　壱分壱朱　是者仲間全部江給金
銭　百四拾五文　被下候高
金　弐両弐分　是者仲間給金ニ而表御払
相立候得共全く裁判所御馬屋
仲間江御備馬壱疋御預ケニ付御手
当金並仲間共夜廻リ之砌高張持
旁昼夜骨折ニ付壱人ニ付金弐分
ツヽ弐ケ月分御手当三人江被下候
高
〆　如高

金　弐両弐分三朱　　是者閏四月ゟ五月中遣払
銭　三百八拾五文　　残品六月江引継品代

此内訳

金　壱分　　黒炭弐本
金　弐分
銭　三百六拾文　　身欠鯡八把
金　弐分参朱
銭　四百弐拾五文　　塩引鮭五本
金　三分三朱
銭　弐拾五文　　みそ八貫目
金　壱分　　番茶二斤

〆　如高

右者御人数御賄品代調書上書面之
通ニ御座候、以上

辰六月　　下代　西村励三郎

御勘定所

一、所蔵者　東京市小石川区水道端　種田基宏氏
一、半紙五枚綴ノモノヲ全写ス
昭和五年三月二十五日

辰八月

御人数一小隊裁判所江

勤番手賄御入用凡調書

覚

夏分
御人数一小隊並賄方
下代壱人手附壱人仲間
弐人手賄御入用高

一、金　六拾壱両
　　銭　弐百九文

内訳

銭　八貫五百文
隊長壱人
勤番料

銭　拾貫弐百文
司令士弐人
勤番料

銭　弐拾弐貫
　六百六拾五文
郷導御徒士四人下代
壱人都合五人
勤番料

銭　百四拾六貫
　七百七拾九文
銃隊足軽三拾弐人
太鼓方同弐人賄方手附
同壱人御貸人弐人都合
三拾七人勤番料

銭　拾三貫六百文
仲間弐人給金

銭　拾三貫六百文
足軽台取付水夫
仲間弐人給金

銭　四拾七貫六百文　家来小者七人給金
銭　五貫七百六拾文　仲間小者江被下ミそ七貫弐百目代
銭　四拾三貫五百五文　仲間小者へ渡薪弐百拾弐本五分代
銭　四貫弐百文　前同断魚油七升代
銭　六拾八貫文　新規諸道具並痛取替諸向渡諸品代並運送賃桶るい輪替都而御入用見込高
銭　三拾貫六百文　部屋ニ渡並据風呂渡白炭三十六本代

〆　如高

一、金　七拾弐両弐朱
　　銭　六拾四文
　冬分御人数前同断但薪炭魚油御増被下候ニ付如高

一、所蔵者　東京市小石川区水道端　種田基宏氏
一、半紙三枚綴　全写
　昭和五年三月二十二日

明治二巳年

御金銭受授帳

五月

柴

受金

五月十三日

一、金　弐拾五両　柴　円次郎

五月十五日

一、金　拾五両　柴　円次郎

〃

一、金　五　両　柴　円次郎

五月廿一日

一、金　五十五両　柴　円次郎

〃

一、金　千　両　仝　名

五月廿四日

一、金　百五十両　仝　名

六月三日

一、金　五十両　仝　名

〆千三百両

払座

蛎崎　衛士

岡口　権作

五月十三日

一、金　拾四両　工藤　采女

谷梯　卓平
萩野伴五郎
清瀬左兵衛
〆
右ハ手負ニ付、壱人ニ付金弐両宛為御手当被下相渡

五月十二日分
一、銭　壱貫六百文　　有川村　山寄屋女兵衛
右者御本陣入用手桶壱荷御買上代相払
〃
一、銭　壱貫五百文　　前同人
右者前同断柄杓拾本御買上代相払
〃
一、金　壱分　　前同人
　　銭　弐百四十文
右者諸向渡分御買上代相払
　内訳
壱貫八百文　　茶呑茶椀弐十
百四十文　　中間縄　壱把
〆

五月十三日
一、銭　弐百文　　有川　山寄屋亀五郎
右者諸向渡分杉はし壱袋御買上代相払
〃
一、金　弐分
右者兵隊渡晒白壱反御買上代相払
〃
一、金　弐分
右者去十一月富川ゟ七重浜迄弾薬舟送骨折ニ付
為酒代被下相渡

五月十四日
一、金　弐両弐分
右者七重浜御陣所入用鮪弐本御買上代相払、但壱本ニ
付壱両壱分宛　　有川村　山寄屋浅右衛門
〃
一、金　壱分
　　銭　弐百五十文

右者茶椀十、七重浜御陣所入用ニ付御買上代相払
但壱ツニ付銭百九十五文宛
〃
一、金　五両壱分壱朱　　有川村
　銭　弐百五十文　　春松
右者手負人並御陣所入用品買上代相払
　内
弐拾三貫八百文　　縞衿　弐枚
八十（ママ）五百文　　同綿入茂尻　壱枚
壱貫弐百七十五文　　中間縄　壱丸
弐貫八百文　　なはこ　七玉
メ
〃
一、金　弐朱　　有川村　已之助
右者会計方入用矢立壱ツ御買上代相払
〃
一、金　壱分壱朱　　有川村　徳太郎
右者七重浜御陣所入用雪《ママ》五枚御買上代相払　但
金壱朱宛
〃　十五日

一、金　壱分三朱　　山崎屋
　銭　弐百三十五文　　浅右衛門
右者官隊入用茶椀、汁椀、杉箸御買上代相払
　内
弐貫文　　茶付茶椀
八百五十文　　汁椀　十
三百六十文　　杉はし弐把
〃
一、金　壱分弐朱　　有川村
　銭　三百三十文　　張替
右者騎馬提灯並弓張々替賃書面之通相払
　内
壱貫七百文　　手丸　弐張
八百三十文　　弓張　壱張
三百五十文　　騎馬　〃〃
〃
一、金　三朱　　亀田村　善助
右者七重浜御陣所入用青菜御買上代相払
〃
一、金　弐朱　　有川村　久蔵
右者番茶御買上代相払
〃

一、金　三朱　　有川村　三郎
右者前同断ニ付ホツキ貝御買上代金相払
〃
一、金　壱朱　　銅屋松蔵
　　　　　　　　　松蔵
右者御陣所入用忍提灯弐ツ繕ひ代相払
〃
一、金　壱分　　箱館　安助
　　　　　　　　木村屋
右者会計ニ而入用矢立壱丁御買上代相払
〃
一、銭　百文　　有川村　大工
右者鍋蓋壱枚御買上代相払

五月十八日
一、金　壱両二分　　寅吉
右者有川村居合手負人の入用衿壱枚御買上代相払
〃
一、銭　百文　　箱館内澗町
　　　　　　　　五三郎
右者杓子弐本御買上代相払
但壱本ニ付銭五十文

五月十九日
一、金　壱分三朱　　有川　亀五郎
　銭　百七十文
右者御本陣入用晒弐丈壱尺御買上代相払
〃
一、金　三分　　有川　大蔵
　　　　　　　　近江屋
右者御本陣入用晒並白木綿御買上代相払
　内
三貫四百文　　晒壱反
壱貫七百文　　白木綿半反
〆
一、金　壱分弐朱ト　　山寄屋
銭　弐百文　　女右衛門
　内
弐貫五百五十文　　萌黄木綿
　　　　　　　　　半反
弐百文　　仕立賃銭
〆
〃
一、金　壱両壱分　　箱館内澗町
　　　　　　　　　　治兵衛

右者兵隊入用琉球表拾枚御買上代相払
但壱枚ニ付金弐朱ツヽ

五月廿日

一、金　弐朱　　　　箱館
　銭　百五十文　　　油屋
　　　　　　　　　　　久兵衛
右者会計方入用硯壱面御買上代払
〃
一、金　弐朱　　　　前同人
　銭　百五十文
右者会計方御入用文字筆壱本御買上代相払
〃
一、金　壱分三朱　　箱館
　銭　三百二十五文　油屋
　　　　　　　　　　　久兵衛
右者三番隊入用横笛三本御買上代相払
但壱本ニ付銭壱貫百文宛
〃
一、金　壱分　　　　上山村
　　　　　　　　　　　多蔵
右者黒炭弐本御本陣入用ニ付御買上代相払

但壱本ニ付金弐朱宛
〃
一、銭　百五十文　　同人
右者茶御買上代相払
〃
一、金　弐分三朱　　斉藤真三郎
　銭　弐百五十文
右者御本陣並会計方入用品々御買上代相払
　内
弐朱　　　　豆腐拾弐丁
弐百五拾文　小刀壱丁
三朱　　　　七輪弐ッ
壱分弐朱　　矢立壱丁
〆
〃
一、金　壱分弐朱　　箱館
　銭　五十文　　　　亀田屋
　　　　　　　　　　　藤兵衛
右者白〆半紙八番隊入用ニ付御買上代相払
　内
壱貫五百文　白〆壱箱
壱貫百文　　半紙壱束

〃
一、金　弐分弐朱　箱館 梅屋亥兵衛
右者糾武隊琉球五枚御買上代相払　但壱
枚ニ付金弐朱宛
〃
一、金　壱分弐朱　箱館 内澗町 半七
右者会計方入用矢立壱ケ御買上代相払
〃
一、金　弐分　工藤俊八
右者八番隊入用横笛弐本御買上代
相払　但壱本ニ付金壱壱《ママ》分宛
〃
一、金　壱朱　亀田村 源二
右者御本陣入用夏大根御買上代相払
〃
一、金　五両　桜井仲温
右者為御手当被下候趣御達ニ付相渡
一、金　三分三朱
右者黒炭五本御買上代相済　但一本ニ付金二朱宛

〃
一、金　三分弐朱　地蔵町 問屋寅吉
銭　弐百文
右者玉扁並早引御買上代相払
内
金壱分三朱　玉扁壱冊
金壱分三朱　早引取用 壱冊
〆
〃
一、金　三分弐朱　富川村 名主 長次郎
銭　三百二十五文
右者諸兵隊渡半紙、古鋸、間切、麻糸御買上
代相払
内
五百文　半紙五帖
弐貫百二十五文　古鋸壱丁
弐百五十文　間切一丁
三貫四百文　麻糸五百目
〆

〃
一、金　壱両壱分　銭亀沢村 金吉
右者黒炭松本御買上代相払　但壱本
ニ付弐朱ツヽ
〃
一、金　弐朱
銭　百五十文
右者かヽ半し壱束御買上代相払
五月廿三日
一、金　三分三朱　野村藤三郎
右者拾弐番隊五稜郭御固被仰付候ニ付入用
黒炭五本御買上代相払　但壱本ニ付金三朱ツヽ
〃
一、金　壱朱
右者糾武隊荷物箱立入用縄玉マ御買上代相払
一、銭　七十六
右者前同断ニ付糸拾本御買上代相払
〃
一、銭　二百五十文
右者会計方へ入用不綿財布壱御買上代相払
〃
一、金　五両三分　箱館 五十集 嘉助
右者兵隊へ被下鮪弐尾御買上代相払　但壱
尾ニ付金弐両三分弐朱
〃
一、金　弐朱　箱館 内澗町 吉左衛門
右者会計方入用中文字筆弐本御買上代
相払　但壱本ニ付金壱朱
〃
一、金　壱朱　同大町 新潟屋粂次郎
右者奇兵隊荷物箱立入用縄玉マ御買上代相払
〃
一、金　壱両壱分　斉藤真三郎
銭　四百二十文
右者御城下ゟ富川迄御用物舟送リ之節
小谷石村ニおゐて数日滞船中入用品々
代料書面之通支払
内

五貫五百弐十文　白米八升
一升ニ付六百九十文ツヽ
金壱分　舟中へ酒代
金壱分　舟宿へ茶代
〆

五月廿三日
一、金　五両　蛎崎民部
右者奇兵隊長被仰付ニ付為御手当被下相渡
〃
一、金　五両　鈴木　守
右者三番隊長被仰付候ニ付為御手当
被下相渡
〃
一、金　弐分三朱
銭　弐百二十五文
右者六番隊入用鎌、糠、忍提灯繕
ひ外代共書面之通相払
内
金壱分　忍提灯
金壱分　繕ひ代
金三朱　糠壱俵

銭弐百二十五文　鎌弐挺
〆
〃
一、金　壱両壱分三朱　野村藤三郎
銭　弐百弐拾五文
右者十二番隊入用大鉈五十丁御買上代相払
〃
一、金　拾両　島田　要
右者諸藩付合金として被下方御達ニ付相渡
〃
一、金　弐朱
右者三番隊入用土瓶、急須御買上代相払
一、金　八両壱分弐朱　箱館 革師 得吉
銭　五十文
右者諸兵隊渡太鼓革二十枚御買上代相払　但
壱枚ニ付金壱分ト銭三百文
〃
一、金　五両　石毛達左衛門
右者軍事方被仰付候ニ付御手当被下方御達
ニ付相渡
〃

一、金　拾両　石毛達左衛門
右同断ニ付入用立金相渡
〃
一、金　壱分　箱館大町　福次郎
右者三番隊入用ニ付土瓶弐ツ御買上代
相払　但壱ツ金弐朱ツヽ
〃
一、金　弐百文　同　人
右者同隊入用柄杓壱本御買上代相払
〃
一、金　弐朱　同　人
右者同隊入用土瓶壱ツ御買上代相払
〃
一、金　壱朱　箱館梅屋　吉兵衛
右者書記官入用青糸四丈弐尺五寸御買上
〃
一、金　壱朱　地蔵町　嘉兵衛
右者四番隊軍艦入用硯函壱ツ
〃

一、金　壱朱　内澗町　久右衛門
銭　百五十五文
右者前同断ニ付石硯壱面御買上
〃
一、金　弐朱　大黒町
銭　百七十文　仲蔵
右者御用間入用小箱壱拵方ニ付杉板三枚
御買上
〃
一、金　弐両壱分　地蔵町　松蔵
右者鮪壱本兵隊へ被下方御達ニ付御
買上
〃
一、金　壱両壱分　弁天町　栄蔵
右者御武器入掛入用錠壱ツ御買上
五月廿五日
一、金　三朱　箱館　小中屋　治左衛門

右者杉板一尺三寸巾弐枚御用ニテ入用刀箱拵方ニ付御
買上
〃
一、金　壱朱　　　新潟屋
　銭　七十五文　　　粂次郎
右者小板弐把前同断ニ付御買上
〃
一、金　壱分　　　同　人
　銭　百四十五文
右者諸向入用縄並草履硯函買上
　内
七百文　　　艸り拾足
三百八十文　　　硯函壱ツ
七百六十五文　　　酒田縄九丸
メ
〃
一、銭　三百八十文　　　同人
右者四番隊輜重方入用硯函壱御買上
〃
一、金　壱朱
右者四番隊御軍監入用真書筆壱対御
買上

〃
一、金　壱朱
　銭　参百文
右者四番隊入用輜重方入用筆墨御買上
　内
金壱朱　　　筆三本
銭三百文　　　墨壱丁
メ
〃
一、金　壱両弐分　　　大町
　七島莚十二枚　　　梅屋
　　　吉兵衛
右者十二番雨覆入用ニ付御買上　但一枚ニ付
金弐朱宛
〃
一、金　三百八十文　　　大町　栄次郎
右会計方入用硯函壱ツ御買上
〃
一、金　壱分壱朱　　　大黒町
　銭　三百四十四文　　　仲蔵
右者杉五分板、松五分板、御宝器入函拵方入
用ニ付御買上

内八百
壱貫六十九文　杉五分板五枚
六百文　松五分板二枚
〆
〃
一、金　壱朱　大町梅屋
　　　　　　吉兵衛
右者書記官入用青糸四丈三尺御買上
〃
一、金　壱朱
　銭　七十五文
右者会計所入用硯壱面御買上
〃
一、金　壱朱
　銭　七十五文
右者かゝ半し五帖書記官方入用ニ付御買上
但一丁ニ付百文ツヽ

五月廿六日
一、金　壱両弐分　銭亀沢村
　　　　　　権蔵
右者黒炭拾弐本御買上　但壱俵ニ付金
弐朱宛
〃
一、金　壱朱　大町
　　　　新潟屋
　銭　百四十五文　粂次郎
右者書記官方入用間切并釘御買上
　内
五百文　小間切一丁
六十文　三寸釘拾本
〆

五月廿七日
一、金　壱分弐朱　箱館
　　　　大黒町
　銭　百六十文　仲蔵
右者御宝物入函入用杉板八枚御買上
〃
一、金　弐朱　小中屋
　銭　二百四十九文　治左衛門
右者御宝物入函入用杉板尺一寸巾二枚御買上

五月廿八日

一、金　壱朱　　函館大町　梅屋吉兵衛
右者御用間入用長函弐ツ拵方ニ付御買上
〃
一、金　弐分　　小中屋　治左衛門
右者杉板九寸巾九枚前同断ニ付御買上
一、金　弐分三朱　　函館大町
　銭　弐百二十五文　　山本屋　安兵衛
右者三番隊入用細引三本御買上
　内
　三貫八百文　　上細引弐本
　一貫五百文　　並〃壱本
〆

五月廿九日
一、金　壱朱　　山本屋　安兵衛
右者書記官入用青糸三丈六尺御買上
〃
一、金　拾両
右者軍事方入用遠鏡壱御買上候趣御達ニ付相渡
〃
一、金　壱朱　　箱館　銅屋　亀吉
右者四番隊忍提灯繕ひ賃相払
〃
一、金　壱分弐朱　　大町　新潟屋　粂次郎
右者三番隊、四番隊荷物箇立
入用縄三把御買上代相払壱把ニ付
金弐朱ツヽ

六月一日
一、金　壱朱

右者上井熊次郎へ御注文之雷菅箇立
入用縄筵御買上
内
弐百十文　筵壱枚
百七十六　縄
〆
〃
一、金　壱分　人夫
栄作
右者前同断弾薬受取之節
運漕人夫御酒代被下候ニ付相渡
〆
六月三日
一、金　拾五両　御用間
右者於有川村種田徳之丈より御借
上之上指出し
一、金　四両壱朱　種田徳之丈
銭　弐百七十五文
右者於有川村御本陣並兵隊入用品御
買代ニ付此節相払
内
弐貫三百文　半紙弐束
拾一貫五百文　同一〆
五百文　半切百枚
鯡告し《ママ》
拾三貫六百文　二枚
〆
〃
一、金　六両三分
右者
総督殿へ為御進物大坂酒壱樽御買上
代書面之通相払
〃
一、金　壱両壱朱　鶴岡町
銭　五十五文　吉兵衛
右者六番隊宿許入用品書面之通相払
内
壱貫弐百七十文　番茶壱斤
五百弐拾五文　アサリ貝五斗
九百七十五文　豆腐十五丁
六百五十文　同十丁
四百五十五文　同八丁
三貫四百文　醤油四升

〆
〃
一、金　四両三朱　佐野孫右衛門
右者
天朝ゟ御感状下賜之節為御慰労
御酒肴被下候ニ付鮪並鰈小魚御買上
代相払
内
金三両壱分三朱　鰈弐十七枚
小魚拾四本
金三分　鮪代
〆
〃
一、金　三両弐朱　佐野孫右衛門
銭　弐百七十五文
右者三番隊へ御寿シ被下候付入用品御買
上代相払
内
金弐分壱朱　カンヒャウ
百二十八匁
金三分　椎茸壱斤半

金二朱　生姜代
金三分壱朱　鶏卵四十三
金三朱　酢
百七十五文
金壱分弐朱　壱升一盃
弐百　かれい
二枚
金壱朱　打海苔
三百二十五文　五枚
太白
金三朱　半紙
〆
〃
一、金　三歩　田沢春道
右者病者米田幸二、村山重太、濱田藤
五郎、杏春三郎右四名服薬之謝儀
被下御達ニ付相渡
内
壱分弐朱　丸薬三十六帖
壱分弐朱　水薬三本
〆
〃
一、金　壱両壱分壱朱

残　七十五文
右者分捕馬入用大豆一斗五升御買上代相払
〃
大町
一、金　三分壱朱
新潟屋
銭　弐百七十五文
粂次郎
右者前断ニ付大豆一斗御買上代
〃
亀田村
一、金　弐分弐朱
治三郎
右者前断秣御買上代相払
〃
山ノ上町
一、金　弐分
藤右衛門
右者脚夫一同へ御酒被下候付ニ升御買上代相払
〃
一、金　二分三朱
前同人
右者前同断ニ付三升代書面之通相払
〃
亀田村
一、金　弐朱
治三郎
右者分捕馬入用秣御買上代相払

〃
一、金　壱分壱朱
種田徳之丈
銭　弐百七十五文
右者兵隊入用ノ白メ油五合御買上
〃
御中間
一、銭　四百文
寅吉
竹弐本
右者御旗竿入用ニ付御買上
但壱本銭弐百文
〆金　百五十八両弐分壱朱
銭　百弐拾三文

慶応四辰年十月

日　記

惟　善

十月十八日

一、箱館表より乗切相越候ニ付御人数一同夜五ツ時頃御陣家表を出張同夜九ツ時頃着函其夜一同御留リ居所江止宿之処此度出張之一條者去ル十六日南部家老東中務謝罪之一条ニ付渡海申立之者旧幕脱走之人数蒸気艦江乗組南部領宮古江相越薪水食料無心其上近々箱館表江廻着之上戦争之模様有之哉ニ申居候段其向江申立ニ付難捨げた置事件ニ付安田拙造を以裁判所江申上候ニ付大砲打方心得之者共計軍艦江乗組被仰付候ニ付出張之趣竹田作郎并ニ御留主居拙造申開有之

十月十九日

一、四ツ時頃蒸気艦ニ而津藩人数四百八拾人至着之趣

一、八ツ時頃運上処より軍艦乗組之儀通達有之候ニ付隊長尾山八百里始御人数一同并ニ竹田作郎孫田真三某《ママ》　代西村励三郎共差添乗船裁判所掛十時三郎長谷部卓司立会として相越粠《ママ》粮之義相伺候処右者船中ニ而一同江同様ニ被下候問別段手配ニ不及旨三郎より達有之竹田孫田某西村共罷帰く其段拙造江申立ル

同廿日
一、西村励三郎御軍艦江御用有之差遣候処今朝英国コンシールより申立ニ者蒸気船四艘程沖合ニ相見得候間油断不致御警衛可被　成旨其向より申立ニ付只今御軍艦操出様同人罷帰り申聞ル
一、蒸気船壱艘入港乗組人数備後福山六百四拾人越前大野百七拾人当着之趣ニ承り候
一、御家増御人数当着之儀日没ニ付竹田作郎安田拙造心配罷有有候ニ付某乗切ニ而罷越可申段申聞ニ付直様出応御用扁ニ者左之通り
　一、増御人数式小隊別《ママ》操出方之事
　一、出張所御入用金三百両廻し方之事
　一、御筒御廻し方之事
　一、御陣家御入用金御廻し方之事
　一、臘燭取合拾箱斗御廻し方之事
　一、出立掛風説ニ者鷲木江賊船壱艘入着人数式百人上陸之様承り
同廿一日
一、朝六ツ半頃知内村江到着候処増御人数隊長　孫男破摩ニ面会いたし候ニ付直様取急キ出立可致旨申談某儀者御城下表之御用も有之候間相越可申其段竹田作郎安田拙造江申通し呉候様申談直様御城下表江出立同夜四ツ時頃着直様登城竹田安田より之御用之間江之御用状持参御家老尾見雄三殿江御廻之上御用状并ニ口上ニ而御用柄申上候事
同廿二日
一、今朝登城御用之間并ニ御用陪屋御目付陪屋其外共出発之義相届ケ
同廿三日
一、御用之間江罷出御用之　申上明廿四日出立いたし度旨申上候処明後廿五日出立可致旨尾見雄三殿より御達
同廿四日
一、御用之間より御呼出ニ付罷出候処年来精励之趣ニ而御書取を以御賞被下仰ニ付尚竹田作郎安田拙造より之御

用状より之御用状共御渡ニ付明日出立之旨向々江相届
一、夜五ツ時頃伊達清十郎同道之者マシケより相越大野江止宿之処去ル廿二日より戦争開始御家御人数之内ニも怪我人様も有之趣咄合ニ付篤と承リ候処伊達番人幾次郎と申者ニ而慥成義ニ付御用之間江申上幸イ武孫玄省参合ニ付同人を以　文武館江者申立御陣家御軍用三百両也五百両也持参仕度旨申上候処五百両持参可致旨尾見雄三殿より御達直様出立尤御金持参之儀ニ付伊藤直右衛門同道可致旨是又御達有之則御勘定所より御金五百両請取

十月廿五日
一、今暁六ツ時頃出立
一、吉岡村峠ニ而箱館出張所より之乗切木田円三ニ出逢箱館表様子承リ候処最早御陣家放火尚又在住御長屋共同様裁判所者今日頃乗被取條哉ニ承リ
一、知内村山道ニ而竹川市三郎ニ出逢様子承候処箱館戦争大敗ニ付大野藩五人脱走委細様子承候ニ付直様御城下江引返し候様知内村江暮六ツ頃着任候得共先々村方模様不分ニ付止宿幸イ御使番渡邊斐之止宿ニ付申合明朝出立之積リ

十月廿六日
一、木古内村江相越様子承候処来た脱走之人数村々江者相越不申候様ニ付渡邊同道留川迄相越候処有川村ニ者居合之様子ニ承リ夫より脱力日暮候而者有川江漸着ニ相成様子承候処味方壱人も相見得不申候
一、去ル廿三為御軍用金百五拾両御陣家江差上候様徳之丞より申立有之
一、西村庄左衛門夜五ツ頃罷越候ニ付其晩止宿為致金五拾両相渡在住御人数家内共江小遣差遣早々出立為致可申段申聞置候事
一、御城下表より持参之御軍用金并ニ御用状共置処御軍用金五百両庭之池江投入御用状者土中江入置候事
一、詮義厳數候ニ付家来之着類用山手江脱走夕刻帰宅今晩九ツ時頃手馬ニ而御城下表江乗切相越候積リ覚悟《ママ》致罷有候所四ツ時頃賊徒共御城下行ニ付通行いたし無処箱館江船ニ而脱走

同廿八日
一、箱館表も家毎ニ厳重之趣之様随而南部表江一先脱走
之積リニ而押切船相頼置候
十月廿九日
一、今朝順風ニ付押送リ船江乗組大間村江着船尤下男之
着類着用ニ付内々ニ而上陸
同晦日
一、易国間江相越親類之内江潜居罷有
一、易国間村重吉と申者相頼大小并ニ式服取寄をして態
箱館江差遣某義者下風呂江相越出入《ママ》同十五日長太郎と申
者之内ニ潜居罷在
一家来久蔵渡海大小并ニ式服持参ニ付様子承リ候処御城
下表去る
五日落城ニ付
上々様方多分厚沢部江御立抜被遊候段申開有之
一、ル丶モツヘ番船去る《ママ》昨十四日夜福山表出帆ニ而下風
呂村江夕刻入津ニ付様子相尋候処家来申聞候通リ相違無
之候ニ付直様青森江出立用意
同十六日
一、易国間村より帰村ニ付前段次第故青森江相廻リ便船
次第福山江差両所之内江相渡候心得ニ而出立いたし候積
之処足痛ニ付何分歩行難相成村々馬足も相立不中一両日
見合
同廿一日
易国間村出立大畑江止宿
同二十二日
足痛ニ付大畑滞留
一、先年召遣候利三郎と申者此度出張ニ付供いたし度旨
申出ニ付召連候積リ
同廿三日
一、大畑出立中ノ澤江止宿

同二十四日
一、中ノ澤出立野辺地江止宿之処
一、清水谷殿御用人河合隼人《はやと》様并ニ薩摩藩斉藤貫一止宿ニ付相伺候処此度江戸表より罷下リ候旨申聞付而ハ殿様御様子御尋ニ付一向模様相分兼心配罷有候段申上随而免に角青森江罷出模様ニ寄リ殿様江御伺申上御差示を請幾重ニも仕度旨申上置候事

同廿五日
一、野辺地出立野内江止宿

同廿六日
一、野内出立青森江相越候処御家老尾見雄三殿居合殿様御始御惣体様去ル十九日セキナイニ而御乗船同十一日平館江御機嫌罷能御安着被遊昨日弘前江御引移被遊候間為御機嫌罷出可申旨御達ニ付直様出立新城江止宿
一、青森ニ而御入用金御廻し方并ニ書役壱人差廻し方雄三殿より鈴木迄申述候様被相達

同廿七日
一、弘前御本陣薬王院江罷出御用人岡本勇江相届直様御用之間江罷出尾見雄三殿より被相達候趣申達置候
一、家来而人召連候義同人江申達置候事

同廿八日
一、御用之間より御呼出ニ付罷出候処会計方被仰付旨下国安芸殿より御達ニ付向々江相届

同廿九日
一、吉井前会計方ニハ青森詰被仰付今朝出立
一、金七拾五両
右者藤林左門江御日用為御払相渡

同晦日
一、金百四拾両
右者女中七人江壱人ニ付金弐両ツヽ拝借被仰付候間岡本勇江相渡可申旨蛎崎民部殿より御達
一、金拾両

右者清霄院御入用之遍江相渡可申上旨前御同人より御達
ニ付奥江相渡
一、金五拾両
右者藤林左門江御日用為御払相渡
一、金百両
右者前同断
一、金弐拾五両
右者前同断
一、フランケ壱枚
一、毛織上着弐枚
一、足袋五足
右者
天朝より之拝載物御家老中列座ニ而御書取御祐筆枚田廉
三読上左之通リ
先船天網を脱し候賊徒共函館惣督府を侵候ニ付攘仕之御
藩において進撃且防禦等飽迄苦戦功労叡感不斜辺趣之地
寒天ニ趣風雪之惨苦ニて至哉と深く被為痛聖慮候ニ付格
別之思食ヲ以聊為防寒毛布一着宛賜之候事

十一月　行政官

恩賜而已ならす上着之毛織物且足袋等迄拝載被仰付候間
難有可奉遥拝候
一、金三千両
右氏家糺為御軍用金東根より持参之分請取可申旨下国安
芸殿御　達ニ付斉藤左司馬某藤林左門立会請取

十二月朔日
一、御用之趣ニ付表屋敷江罷出候処会計方ニ而青森被仰
付即刻出立可致旨御達
一、御用之間より御呼出ニ付罷出候処此度会議所より御
入用米金之儀見込申立候様御達有之趣随而青森表江相越
候上者吉井前と申談之上見積弘前表より可申哉旨尾見雄
三殿より御達
一、暮六ッ時過弘前表出立
一、千両
右者為御入用金青森表江持参可致旨鈴木織太郎より被相
違則会計方請取
一、御家中より布施喜一江之御用状御渡

十二月二日
一、朝六ッ時半頃青森至着御家老中より布施喜一江之御用状相渡
青森詰被仰付至着之旨相届当御用之遍々同人并ニ吉井殿江申談置候

同三日
御用無之

同四日
一、金五拾両
右者御買入代御払ニ付阿部守平江立会之上相渡
一、進軍之節粮粮入用餅并ニ草鞋蝋燭《ロウソク》縄莚買入手配之義布施喜一より被相違候ニ付吉井前と申談之下代江相達
一、清水谷様より一同江御酒肴被下賜ニ而一同頂戴仕候

同五日
一、尾見雄三殿弘前表より罷帰リ
一、当方より弘前江出役之士中より足軽迄御手当として以来金弐分ツヽ被下候旨雄三殿より御達
一、金五拾両
右者御買入品代御払ニ付阿部守平江相渡
一、米并ニ草鞋之儀ニ付津藩用人西館平馬江吉井前同道相越及談判候処未た米草鞋共手揃ニ者不相成候得共官軍御入用之分夫ニ手配も有之候間進軍之節者兎に角問ニ合可中旨申聞ニ付帰宿之上尾見江申達置候
一、殿様去ル三日御逝去之趣御達ニ付即御機嫌伺申上候事御達書左之通リ
殿様御違例之処御養生不被為叶今三日申刻被遊御逝去候依之御家老中始惣御役人御近習向談明表諸士徒士内外下代共若殿様御殿伺として旅服之侭今日中御本陣江罷出御役人　　月番御家老迄罷出可申御近習諸士徒士下代等者支配頭迄罷出可申猶御家老中始惣御役人者
奥方様
清霄院様御機嫌伺として奥掛御用人中迄罷出可被申候
一、御場合物且御不例中ニ付一同勤慎罷在候得共猶又御中陰中者別而心を用ひ魚鳥之類一切食用いたし間敷候
一、御家中一同御儀今日より

殿様と奉称
奥方様御儀
大奥様と可奉称候
殿様
大奥様清霄院様御機嫌伺として各支配頭迄罷出可申
右之通向々可被相達候

十二月二《ママ》日
一、為御機嫌伺御家老中迄罷出
一、吉井前西村重《ママ》吉黒石迄御用有之早馬相越候ニ付御手
当金弐分ツツ被下相渡尤黒石より直様弘前江相越候積《ママ》
兼而松尾源太郎江用意金五両御渡之内壱両者御手当被下
残金四両上納分此度青藤左司馬藤林精八郎迄御用状江封
入重吉江相渡差廻し委細者御用状案文留ニ有之略

十二月七日
一、金五拾両
右者諸品買入ニ付阿部守平江相渡
一、会議所詰野田大蔵より吉井前迄手紙至来ニ付御家老
中江伺之上開封いたし候処兼而申合罷置候当藩会計奉行
佐藤英馬昨日弘前表より帰浜仕候間引合可申旨申越ニ付
某罷出処大蔵并英馬江引合相清追而萬端可申談旨申聞罷
帰
一、蛎崎勇喜衛殿并ニ其外共三馬屋江渡海昨夜至着之趣
ニ而面会いたし候

十二月八日
一、尾見雄三殿布施喜一弘前表江御用ニ付罷
一、吉井前西村重吉弘前より帰浜

同九日
尾見雄三殿布施喜一弘前表より帰浜
一、田崎東殿　前表より出役

同十日
一、金百両
右者阿部守平江相渡
一、金五拾両

右者三馬屋詰岩谷鼎士江用意金として相渡可申旨今井愚
一より達ニ付地崎岩平江相渡
一、金弐拾両
右者三馬屋庄平より拾籠料之内江前借願出ニ付尾見雄三
殿江申立候処願之通リ被下仰付候旨御達之儀ニ付相渡
一、金拾五両
右者平館詰福井淳三より用意金申立候趣ニ付同人交代日
門金次郎江相渡可申旨愚一より達ニ相渡
一、廿匁掛蝋燭　　三百九拾丁
此目形拾〆六百五拾目
一、八匁掛同　　千三百五拾丁
此目形五貫九百目
右御買上ニ付筒立置候
一、金七両
右者最前西村重吉東根より早馬御城下表江相越候節三馬
屋ニ而茂作を相雇候処破談ニ相成候ニ付右御手当伺清三
馬屋庄平江相渡茂作へ被下
□丁事中役順

総宰
軍事方兼御用聞
隊長
軍監
大会計　此役者之御勘定奉行より
御目付迄勤之
大書記
斥候
差使役
小会計　此役者元御勘定吟味役にて勤之
右之通被御出候間向々江可被相達候

十二月十日
一、右御役順御達ニ付最前被仰付候節者会計と被仰付候
ニ実者元役御勘定吟味役之心得ニ而罷在候処此度御達ニ
付如何相心得候而可然哉之段相伺候処大会計之心得ニ而
相勤可申旨御達ニ付御免之儀申立候得共難被御付則御請
申上置候事
一、田崎東殿并ニ高橋孫六大谷龍太郎弘前江罷帰ル尤早

ニ而罷帰候ニ付駕籠三挺相達
一、杉村矢城青山荒雄小林頼母弘前より立帰出役尤早ニ
而相越候ニ付駕籠相達
一、清霄院様より一同江御酒肴被下
一、出兵中ニ付今日より御精進御免ニ相成候段御達

十二月十一日
一、江戸表より蒸気船ニ而御用人池田隊長ニ而御人数四
拾五人外ニ仲間五人当至着名前左之通り

裁判司 隊長
池田永太郎 厚谷清
小隊司令士 中隊司令士
松崎数矢 大野左右路
左右御向導
桜井薫 芦野恭次郎
組士
河合廉太郎 久下恭間太
田口安次郎 上候治之丞
平浪寅四郎 小生甚兵衛
桜津平太郎 木兼宗右衛門
石井輪太郎 明石兵司
徒士
渡辺八十治 戸田藤三郎
脇川融一郎 伊藤陣四郎
月岡平七 早苗吉次郎
足軽小頭
大島彦次郎 平浪宗吉
足軽
矢澤源吉 小高善太郎
長塩源太郎 斉藤喜一郎
阿部綱吉 田島専蔵
桜井多吉 石崎寅蔵
山形之五郎 小林新次郎
川上留吉 松本安吉
笹森留三郎 渡辺藤四郎
田中藤吉
以上四拾壱人
外中間五人

十二月十二日
一、去ル七日至着之御人数蛎崎勇喜衛外拾弐人江壱人ニ付御手当金三両ツヽ被下候段御達ニ付被下相渡委細者別帳有之
一、吉井前同道ニ而佐藤英馬江相越兼而西館平馬江談置候米之儀尚又申込候処五千俵也七千俵也之儀有何々共可仕旨申聞ニ付右者最早落城前之儀ニ而当時追々模様承候処来四月迄者入来之見込も無之右ニ付凡五万俵も無之候而ハ取渡方甚た難渋依之万端御配慮掛上候上又候右様之儀相頼候儀実に赤面至極ニ候得共一時之御手配之儀相願候段申込候処右者一存ニ而挨拶難相成候間篤と重役江申聞候上追而返事ニ可及旨申聞有之
一、追々渡海之者潜伏之侭相越候ニ付近々進軍ニ付而ハ大小ニ差支候間拾通尤拝借相願候処右者多分当テヽ者不相成候得共弘前表江申遣候上及挨拶可申旨申聞
一、荷物蔵借用之儀　　　之儀相願候処右者明日ニも手配之上取運ニ可及旨申聞有之
一、金千七百三拾七両弐分
右者江戸表より御出金厚谷清より相納候ニ付吉井前立会之上請取置

十二月十三日
一、金百両
右者阿部守平江相渡
一、蛎崎民部殿弘前表より出役右者進撃大将ニ而出張之趣
一、松井屯殿弘前表より出役之処直様罷帰ル

同十四日
一、福山ニ潜伏之御人数松前右京殿其外六拾人余至着名前左ニ

松前右京	新田主税	栃崎衛士
新井田等	斉藤帯刀	村上左富
明白廉平	下国美都弁	蛎崎右忠
水野舜道	白鳥幡次郎	西沢駒吉
佐々木龍蔵	福井佐五六	斉藤忠次郎
田中瀧太郎	池田駒	伊沢司
島田能人	新田時彦	田村続

明石邦太郎　工藤悦太郎　竹田泰三郎
熊坂秀斉　近藤小文庫　中村豊太郎
駒木根幸次郎　蛯子重三郎　高橋甚十郎
小笠原龍次　布施文作　工藤長太郎
湊浅之進　高橋波香　片岡駒五郎
湯浅金三　小西弥三　小西諸太郎
氏家左門　柴田九十九　蛎崎隼彦
福原治五右衛門　西村新七郎　尾山徹三
奥平五十馬　渡辺買蔵　矢部与八郎
小村傳吾　蛯子三作　外山重蔵
高井紀兵衛　川崎松五郎　西村五郎兵衛
関根藤六　小畑勇三郎　五十渕文治
清水幸太郎　川島盛治
蛎崎衛士　斉藤帯刀　家来　弥太郎
家来　半蔵　新井田主税　家来　多助
〆　六拾壱人

同十五日
津藩佐藤英馬江相越金五万両御操合金吉井前同道ニ而相頼候処当年諸向入用夥敷多分有之儀者無覚束候得共尚重役共江申聞候上及挨拶可申旨申聞
一、御借上土蔵之儀相頼候処委細承知之旨申聞
一、本陣瀧屋谷□宿当時長州大小荷掛之候上宿之趣ニ候得共可相成者先本陣之儀ニ有之候間御如聞掛ニ而繰替之儀相頼候処右者色々次第も有之同家御借上相渡候間無覚束旨申聞ニ付何れも　宿之上御用之間江申上置候事

十二月十六日
一、一昨夜渡海之御人数之内弘前江三拾人余相哉
一、福井淳三郎武器惣取締被仰付候段布施喜一より御達
一、布施喜一永々之間遍江御操上ケ之趣御達

同十七日
一、尾見雄三殿布施喜一弘前表江御用ニ付出役
一、澤田新右衛門箱館より大間江渡海ニ而至着之趣届出ル
一、松崎数矢弘前より罷帰ル

同十八日

一、吉井前より御金箪笥御鍵引継ニ付御金相改候処左之
通有之
一、弐千三百弐拾五両
右者諸払残金西村重吉立会前同人より請取
一、去ル十六日夜左之通リ至着
田付多膳　蛎崎吉右衛門　平野安五郎
藤井専蔵　佐々木勘五郎　赤石与五八
高谷熊次郎　山田連次郎　森田源次
島田芳次郎　山本周右衛門　柴田政五郎
木下猪平
　〆拾三人
右者去ル十二日夜五ツ時御城下出帆翌十三日
三厩着ニ而相越候段届出ル
一、金五拾両
右者御用之為御払阿部守平江相渡

同十九日
一、殿様為御遺漏御酒肴被下候段御達ニ付壱人江御酒五
合御肴料金五拾疋ツヽ被下方御家老蛎崎民部殿御達

一、布施泉弘前より帰浜

同廿日
一、御家老職再役　松前右京
殿様御傅役　松井屯
思召被為在御役仰
免之上元席江操下ケ東京府御屋敷において謹慎
　鈴木織太郎
思召被為在御役御免之上元席江御操下ケ弘前表定宿
ニおいて謹慎
　田崎東
伜織太郎前断御操下ケニ付同様御操下ケ
　鈴木又五郎
伜東前断御操下ケニ付同様御操下ケ
　田崎貞次郎
右之通一昨十八日被仰付候間向々江可被相達候

十二月廿日
一、尾見雄三殿弘前表より帰浜

一、金拾五両
右者松前数矢江江戸表ニ而用意金預リ之分不用ニ付上納
一、金五拾両
右者御日用為御払阿部守平江相渡
一、金百両
右者前断
一、四拾両
右者前断
一、金九拾両
右者今般東京府行九人乗賃壱人ニ付拾両ツヽ布施喜一江
差出
名前左之通リ
蛎崎衛士　村山左富　斉藤帯刀
氏家左門　西沢駒吉　福井佐五六
渡辺関蔵　白鳥幡次郎　桜井長三郎
〆
右人数英国蒸気艦江便船相頼夕七ツ時乗組
十二月廿一日

一、金拾五両
右者大野左右路江戸表ニ而用意金御預リ之分不用ニ付上
納
一、英国蒸気船今朝出帆
一、藤田真蔵上下并ニ大野村戦争之節手負致し平浪勘三
佐久間熊太儀瀬目病院ニ而療治罷在候由両人外ニ真蔵召
連候弥助と申者最前秋田表江仮足軽にも御遣之立相成候
間石之者共々ニ御手当被下方相伺候処被下候段御達尤
能々前人令ニ付金五両ツヽ被下候旨御達
同廿二日
一、金弐拾両
右者鈴木熊六東京府より用意金持参之分遣払残金上納ニ
付預リ置
同廿三日
一、御用之間より御呼出ニ付吉井前両人罷出候処追々進
撃之付
殿様御儀当表江御転陣被遊候決評ニ相成候得共御旅館無

之候間右御旅館当藩会計方江相頼可申旨御達ニ付吉井前
義佐藤英馬江相越前段之次第相頼候処何れ役々江申談之
上可申聞旨被申候趣ニ而罷帰リ其段御用之間江同人より
申上置候事

十二月廿四日
一、金百三拾五両
右者諸品買入代金として阿部守平江相渡

同廿五日
一、風邪ニ而見合

同廿六日
一、金五百五拾両
右者御日用為御払阿部守平江相渡
一、金百七拾六両壱分
右者御在所表ニ而献上金弘前表江上納
残金明石廉平より上納
一、金拾両

右者前同人弘前表ニ而用意金請取之分上納ニ付追而弘前
表江差出し候迄預リ置候
一、金百四拾両弐分
御会計　伊藤五右衛門
右者福山産物御会所御預金之趣ニ而伊藤五右衛門差出追
而取調子迄御預置候
一、陸尺八人弘前表江差立ニ付最前松崎数矢江奥より御
注文之品別紙之通リ其外福山市在より献上之品々別紙調
書ニ而差送リ委細者御用状案文留ニ有之略し
裁判所附属
宇斗鬼之丞
井手誠造
右両人会計方ニ面会いたし度旨申出ニ付面会いたし候処
当藩ニ而御暇差出候人物可有之哉之段尋ニ付隊長松尾源
太郎江間合候処右物蛎崎甚五郎之家来惣吉ト申者不策之
儀有之津藩より当藩江引渡ニ相成此　調中ニ付追而無芋
柄可申上旨及挨拶置候事
一、小林頼母早坂玄長島田要慎被仰付候段御達有之
一、追々至着之御人数江御手当被下

〆
下代
上原藤十郎
手付
田中誠三郎

右者被仰付度旨申上候処即刻被仰付候段届出ル
一、宿取締向之儀ニ付御達書を以御用之間より御達

十二月廿七日
一、金六百両
右者御買上品代御払ニ付阿部守平江相渡
一、金千両
右者津軽様衆より以御使者今般御国之戦争之節苦戦之上
御家中突抜候段御安事被思召随而品物料として乍聊一同
江被下段中聞直様松本甲子蔵右金子持参吉井前請取候ニ
付御簞笥江入置

十二月廿八日
一、金四拾両
右者先頃伊藤五右衛門より預置内同人罷出払渡呉候様談
之付證書預リ払渡
一、金拾両
右者荒野宗治南部表江出役之節用意金弘前表ニ而金五拾
両受取候処遣払残之趣ニ而御用之間御下ケニ付預置候

十二月廿九日
一、御用之間より御呼出ニ付罷出候所左之通御達即今之
形勢函賊未滅何時襲来義難斗ニ付来歳暮歳且之式共先被
差延候進而快復之上施行候条此段及御布告候右之趣会議
所より各藩江御達相成候間向々不洩様早々可被相触候
辰

十二月廿九日
一、吉井前上京藤十郎東京府より急早御用被仰付候明朝
出立之後尤御用中御用人江出役被仰付候段届出候
一、会議所より金千両拝借ニ付左之通リ証書差上置候
拝借金証書之事
一、金千両也

右者軍事要用ニ付前書之金子拝借仕候所相違無御座候尤
快復之上返上可仕候
為後日仍而如件
明治三戊辰年
十二月
種田金十郎 印
吉井前 印
松崎多門 花押
布施泉 印
新田主税 印
尾見雄三 印
蛎崎民部 印
御会議所
一、前段御金御用之間より御下ニ付御簞笥江入置
一、吉井前上京藤十郎東京府行ニ付用意金百両渡方之儀
御用之間御達ニ付相渡様下代江相達
一、金弐百両
右者御日用為御払阿部守平江相渡

一
此ノ間五葉白紙
一
借用証文之事
一、金五拾両也
右之金子為軍用金慥ニ借用申候処実正ニ御座候返納之儀
者松前表江帰陣仕候之上種田金十郎殿江無相違返上可仕
候□而如件
御名 家来
種市善太夫 印
慶応辰年
同
十月廿六日
長橋勇吉 印
広谷源治殿

一、表題　　　表記ノ通リ
一、原本体裁　半紙判白紙四ツ折ノ通帳型横帳ニシテ紙数三十四葉ヨリ成ル
一、所蔵者　　東京市小石川区水道橋、種田基宏（旧名劢三）氏所蔵
　　　　　　　種田氏ハ元上磯町居住ノ人ニシテ往年室蘭古平等ノ場所請負人タリシ種田家の後嗣ナリ
昭和四年十二月十六日　「川島印」

明治二巳正月より

日記

壱番　　惟善

覚

明治二巳年
元旦
一、吉井前上京藤十郎今朝六ツ半時出立其段御用之間江申上置候事
一、前東京府江出役ニ付同役之儀尾見雄三殿江申上置候
一、天朝より之賜物フランケ被下方之儀者昨廿九日迄ニ着之族江者壱枚ツヽ被下其余弘前行御人数并ニ当方諸仲間小者尚又今日より着之者追而快復之上御手当被下候段御用之間より御達ニ付之候被下方取斗
一、金五拾両
右者下代西村重吉より御日用為御払相渡
一、兼而弘前表奥より御注文之マクロ壱本花折昆布三包マヽ宰領足軽山田民三江相渡彼地会計方迄御用状相添差立候
一、是迄御金銭請払手付足軽阿部守平殿扱来候処当日より下代西村重吉取扱候様相達
一、下代并ニ手付足軽御人少ニ付下代中野吉治手付足軽柴田圓次郎高井紀兵衛被仰付度旨御用之間申上候処隊長

江申談候処即被仰付当人共届出ル
一、御武器方より申立之品ニ当所ニ無之ニ付弘前表にお
ゐて御買上相成候ニ付下役斉藤真三郎飛脚ニ而御用状相
渡差立ル委細者案文留ニ有之略シ
一、暮六ツ時過御人数廿人余至着
正月三日
一、金四百両
右者御人数江御手当被下候ニ付下代西村重吉江相渡
一、金七拾五両
右者鈴木治郎蔵より上納之趣ニ而御用之間より御下ケニ
付請取同人江受取書差出置候
一、松前表より青森之もの刀剣類并ニ書類買入持参之趣
ニ付刀脇差短刀取合拾壱本書類入莚立四本御買上隊長よ
り被相渡候ニ付預リ置候
正月四日
一、金百両
右者御日用為御払西村重吉江相渡
一、御用之間より御呼出ニ付西村重吉差出候処左之通リ
御達

御不審之儀有之　柴田舎人
事実相分候迄弘前
表ニおゐて謹慎被
仰付
父舎人義前断之　柴田留治
義ニ付同様謹慎
被仰付
実父久下豚己前　横井直紀
断之義ニ付謹
慎被仰付
御不審之儀有之　志村収太
事実相分候迄弘前
表におゐて謹慎
仰付
同文　田村多膳
実父升田竹内録三義　福永治五右衛門
御不審之儀有之
候間事実相分迄
弘前表ニおゐて謹慎

被仰付
　右之通被仰付候間向々不洩様可被相達候
　　巳正月四日
正月五日
一、小丶観音丸水主共より御請金之内前借願出候趣ニ而
三厩之庄平より小　御運賃金之内拾両拝借願出ニ付御用
之間江申上候処願之通リ被仰付候段尾見雄を殿御達ニ付
下代西村重吉江其段相達
一、桑崎政太郎外両人三厩より上陸至着之趣承る
正月六日
一、先月福山より買入参リ候大小類并ニ書類御買上ニ相
成候得共右者御差支之遍有之代料引替品物相渡候様軍監
青山荒雄より中談ニ付其段下代江相達則代料請取品物相
渡
一、斉藤真八郎弘前より帰浜ニ付去ル四日付弘前詰会計
方藤林精八郎より之御用状相達被見之処御注文之品々之
内
　真田雲斉共一切無之紺木綿四拾壱反畳糸三百本皮縫針
五本真書筆弐拾対買上真三郎江相渡差廻候段申越

一、先般差送リ候まくろ肉色不宜召上リ不相成候趣ニ而
御人数江被下ニ相成候間肉色宜敷処弐参貫目早便差送リ
候様可申遣旨御達之趣申越
一、松前右京殿弘前表より出役
一、御用之間より左之通御達
今日
箱館より新報有之両三日前より回天丸其外江真木抔積入
其他方事出軍之支度密久謀ひ仕候段態ニ彼地より申来候
ニ付此段及御通達以上
但不慮之備申も疎ニ候得共藩ニおゐて一入厳重可被申付
候　又持場及び宿陣所近傍とても紛ぎら敷輩《やから》於有之者
早々召捕御本陣迄　被届事
正月六日
右之趣参謀中より各藩兵隊江御達相成候間此段為心得
早々向々ニ不洩様可被相触候
正月六日
　御品物買入方　　高橋水里
之義ニ付御不審之儀有之
御沙汰中謹慎被仰付

右之通リ申渡候間此段相達申候
正月六日
正月七日
一、御乗船水主又吉義末〆御手当并フランケ頂戴無之趣軍監より申立有之候間被下方取計可申旨御達尤御乗船水主ニ付金五両被下候旨御達
一、吉田衡平小会計被仰付候旨届出ル
覚
一、刀脇差短刀　拾壱腰
反古紙取合　四箇
田印
一、提重　壱箱
但ニ紋散シ
一、大皿鉢　壱枚入壱箱
一、中皿鉢　壱枚入壱箱
〆
右者裁判所附属海陸取締方より引渡之趣尤右代料者引上ケ之者江相当ニ被下候
右御達之趣軍監杉村矢蔵御達候事
一、明石廉平軍事方被仰付候段届出ル
一、為御慰労御酒肴一同江被下候段御達尤壱人ニ付弐朱ツヽ被下候旨御達
正月八日青森より　松前足軽
弘前行　木村郷三郎家内
印　田子壱人　女弐人
右御印鑑御下ケ同人家内義弘前表寺町宮川屋外吉と申者親類ニ付差遣候段願済差出候旨御用状相添差立可申旨御用之間より御達ニ付則御用状相渡差立ル委細者案分留ニ有之
正月八日
一、平田勇也大会計被仰付候段届出ル
明治紀元戌年十二月十五日旅行政官被仰渡候御書取写去十月以来徳川脱籍之賊徒領内浸入之折柄闔藩勇奮以寡当《御名》衆不一形及苦戦君臣一体百折不挫只管勤王之大義を重し一家之危急を不顧折衛御示海藩屏之職を尽し候段武門之覚悟《ママ》不遇之叡慮不斜候今度格別之候思召を以直□地一領金領金三千両下賜候尚益以勉励尽力

敵□之士気を鼓舞し他日官軍之進撃を待可奏成功旨
御沙汰候事
十二月
行政官
朱御印
旧冬御国表騒擾ニ付御当境江多人数立退ニ相成候処御多
端之折柄ニ而御世話向御心底ニ御任セ被成兼大勢之御家
中無難渋之儀と深く御察思召乍御少々ら津軽様御手元之
内より金千両御家中御贈被成下候ニ付其段弘前表江入御
聴候処頂戴可仕旨御沙汰ニ相成依之左之通被下之
金弐両ツヽ
士中よ
足軽迄
金壱両ツヽ
中間
小者
右御達ニ付明日被下候旨申上置候
正月九日
一、御人数一同江津軽公より之被下金相渡
一、金百両
右者御日用為御払西村重吉江相渡
裁判所附属
海陸取締
金千疋ツヽ
守斗鬼之丞
井手誠造
右者御人数渡海之節取扱方其外共格別骨折いたし呉候ニ
付御目録被下候段御用之間より御達ニ付差出
一、津軽様より被下候千両士中より足軽迄弐両ツヽ中間
小者江者壱両ツヽ被下候得者不足数合候ニ付御足金ニ而
右ニ取計候様尾見雄三殿より御達ニ付右ニ取計
正月十日
一、御用之間より御呼出ニ付罷出候処御達書左之通リ御
達勤中卸先手組
増田靫平
冨長栄八郎
瀬戸昇平
田中弥平治
野呂林作
杉野儀三郎
荒野宗治
〆
勤中御徒士
白角縫太郎
冨長善五郎
八木英之進
海野兼三郎

勝見貫三　　　　遠藤駒三
〆
勤中下代格
新谷永八　　　　竹澤叔三
松下英吉　　　　多田猶五郎
野村西蔵
〆
右之通被仰付候間此段為心得相達候
巳正月
方今之御場合臣子たる者苦に寝竿を枕にし国難を一掃いたし候様念ニ心掛可罷在之処近頃妓桜ニおゐて五六人酒会を催し及乱行候始末兼而差出置候探索方より姓名を認申出候ニ付厳刑ニ可被行之処先此度者寛典之御沙汰を以て其侭御開拾被成候得共以後右様之もの有之候而者御目名を汚辱し品ニより御快復之妨ニも可相成候間御惣督府海陸取締御役人中并津軽様巡羅之方江深く御頼被成前件之通リ拘禁違令之者見聞次第召捕御引渡之上急度御軍法ニ可被処候条及□属微戒御用之外妄ニ他出致間敷旨家来下々ニ至迄不洩様可被払遺候
巳正月
佐藤大庫
其方儀御国難以来去留之儀ニ付機会を失ひ候趣相聞得依之御役御免御沙汰中謹慎被仰付
飛内策馬
下国郁太郎
其方儀御国難以来去留之儀ニ付機会を失ひ候趣相聞得依之御沙汰中謹慎被仰付
右之通於弘前表ニ被仰候間此段相達申候
賊徒入寇以来闔藩之兵士心労を尽し樹功積労之輩夫々御取調可被成之所御軍務急劇之折柄其侭被成置候得共無拠御進軍之時ニ致萬一戦死を遂候半々前顕之功労煙滅いたし定而忠鬼も安し難く遺憾に可有之哉と深く御配慮相認可申出候御快復之後急度御褒賞可被下候
巳正月
是迄荷物其外尊福山と相認候共以来松前と御改被成候間無洩様可被相達候以上
巳正月十日
一、金五拾両

右者最前刀剣類并ニ反古類其外共海陸取締之方ニ而御引
上ケ之上御渡ニ付右取扱之者江御手当として海陸取締之
方より被下候段渡済ニ付冨永善五郎を以差出候処
則被下済ニ付請取書持参有之
一、松前右京殿弘前江出立ニ付津軽様より被下之金子并
ニ是迄弘前ニ而諸品相調候付共左之通リ調書相添御同人
江相渡弘前会計方藤林精八郎迄差廻し委細者御用状案文
留ニ有之略し
一、金百七五拾六両
右者津軽様より御人数一同江被下候分別紙名前書之通リ
士中より足軽迄金弐両中間より小者迄金壱両可被下調書
相添差出候
一、四拾三両三朱
　　銭百四拾文
右者諸品代〆高委細調書ニ有之略し
一、金弐拾両壱分弐朱
　　銭三百四拾弐文
右者厚谷清東京府より船中為用意金八拾弐両弐分持参之
内金五拾七両壱分銭五百八文別紙諸入用仕払残金如高上
納ニ付寄金ニ相立置候
一、御用之間より左之通リ御達
一、昨九日相違候義ニ付左之　ニ書出可申候一所ニ戦地
江出兵功労之事
一、各兵器所持并納方等之事
一、戦地江出兵不致共此地江致着迄之始末之事
一、戦地ニ而予免賊徒を狙撃之数等之事
一、狙撃いたし急戦之場といへ共証人等有無之事
右之通相違候間不洩様可被相達候事
一、藤田真蔵家来弥助上納之処仮足軽江御取立森谷弥助
と相改候事
一、深山八治並足軽江御取立之趣届出ル
一、平田男也腹痛ニ付頼合申越候
正月十二日
一、金五拾両
右者御日用為御払西村重吉江払渡
一、金拾両壱分一朱
銭弐百六拾四文
右者大平丸諸入用品代差引残金滝屋より借用之分御船頭

西川元次郎より申立ニ付下渡
一、金三拾両
右者前同様諸入用当同人より申立ニ付御用之間江伺之上
兼而産物御会所より御預リ金之内より両様共相渡
一、於
御前御家老聢再格再役　蛎崎靭負之助
御用之間詰軍事方是迄之通　新田主税
御用人再役　松崎多門
御用人本役　布施　泉
御用人出役御免近習頭出役　松崎　□
是迄之通リ
左之通被仰ニ付候間向々可被相達候
巳正月十二日
一、教導被仰付候足軽共勤中下代格之趣明石廉平より御
達
正月十三日
御用之間より左之通リ御達
宿陣中近辺ニおゐて発泡相留候義者過日及御布告置候処
近来踈ニ有之砲聲等相聞重畳不埒之次第ニ付各藩ニおゐ
て厳重御取締可被成候尤向後発泡等いたし者有之候半っ
他藩人たり共見当次第　姓名聞糺会議所江御達有之候様
更ニ及御布告候
右之趣会議より各藩江御達相成候間下々至迄不洩様可被
相触候
巳正月十三日
同十四日
一、天朝より拝載之手織物官軍大小荷汰江罷出請取可申
旨御用之間御達ニ付某大小荷汰張宿滝屋善蔵宅江罷出取
次を以申上候処小野大蔵罷出羅貟服筒袖五百七枚御渡ニ
付請取持参之上御用之間江其段申上候
下代勤被仰　阿部守平
付候段届出ル　柴円次郎
長官付軍監　今井晦輔
四番隊軍監　藤田鋭騎
三番隊物見御使番　青山右重吾
右被仰付候段御達
滞陣中輿頭　柏木浅次郎
正月十五日

一、天朝より拝載之毛織戎服壱領ツヽ一同江
拝載被仰付候ニ付私共迄拝載被仰付候御書取写左之通リ
賊軍東侵以来追々寒天ニ迫リ候処闔藩之兵士風聲雪卧屢
及苦戦候ニ付格別之思召を以
天朝より毛織之戎服一領ツヽ下賜候間難有奉拝載愈忠節
を可被励もの也
巳正月
一、軍事中御役順左之通仰付候
隊長
軍監
軍事方添役
大会計
御留守居
大書紀
斥候
御使番
小会計
右之通リ被仰出候
一、御達書壱通御用之間より御達委細者御達留ニ有之略
し
正月十六日
一、某義足迄当番之処今日より平田男也江御金銭左之通
引継
覚
一、金五千五百六拾壱両弐朱　十一月廿九日より正月
銭三百四拾弐文　十日迄惣寄金高
内
金三千三百八拾　昨十一月廿九日より正月
七両弐分　十二日迄御日用為御払相
渡候金高
差引残
金弐千百七拾三両弐分弐朱
銭三百三百四拾弐文
右之通リ引継申候　以上
覚
一、金百六拾両弐分也　是ハ御産物会所
より御預リ金并ニ用
意金類之分共

内
金八拾両壱分一朱　是ハ御産物会所
銭弐百六拾四文　預リ金之内大平丸
諸入用金相渡
差引残
金八拾両弐朱
銭百八拾文
一、錦章軍監より御渡相成
一、天朝より拝載之戎服領并ニ御買旁中野久治弘前被仰
付候
一、是迄西村重吉御金銭取扱候阿部守平江左之通リ引継
覚
一、金九百四拾弐両壱分三朱
銭弐貫五百八文
内払
金六百九拾七両弐分三朱
銭弐貫五百八文
差引
金弐百四拾四両弐分三朱
銭三百拾壱文
金百九拾七両内渡金帳
正金四拾七両壱分弐朱
銭三百拾六文
一、今晩より浦町之清三郎江下宿
正月十七日
一、御用之間より御呼出ニ付罷出候処左ノ通リ大小荷汰
より通達有之候間相達候趣御達
回章
戦争実地入用人夫別紙之通割合表御廻申候間左様御承知
可被下候
正月十六日　大小荷駄
長州
備州
伊州
弘前
福山
徳山
大野

松前
黒石
隊長各中様
人足割
一、人足　六百六拾人　長州
一、同　三百九拾五人　備州
一、同　百六拾壱人　筑後
一、同　四百五拾人　福山
一、同　八拾壱人　伊州
一、同　百七人　大野
一、同　百六拾七人　徳山
一、同　三百八拾六人　松前
一、同　弐百七拾七人　都谷森一手
弘前
処に
三百弐拾九人　隊長引付分
残而
五拾弐人　通夫可引上分
一、同六拾五人　黒石

内
弐拾五人　引付分夫方引
正月廿一日　当番
一、平田男也より御金銭左之通引継立会西村重吉
一、金弐千七拾三両弐分弐朱　御定用
銭三百四拾弐文
一、金九拾七両弐分弐朱　別段御預金
銭百八拾六文
一、下代当番阿部守平より柴圓次郎江御金銭左ノ通り立
会引継
正金五拾六両三朱
銭三拾七文
一、佐々木半蔵□組足軽江御奉公被仰付候段届出ル
お菓子料
一、金七両　林源左衛門
同　泊川町
御百姓　孫七
献上金　湯殿沢町
一、金三両　庄三郎

右三廉御用之間より御下ケニ付預リ置候
一、去ル十八日より着之族江御手当金以来金壱両弐分可
被
下候旨尾見雄三殿より御達ニ付共段下代江も相達
一、金拾五両　唐津内町
　　　　　　　三春屋　多三郎
一、金弐両弐分　専会寺
一、金拾両　湯殿沢町
　　　　　　中屋　長次郎
一、金七両　林源左衛門
一、金三両　湯殿沢町　庄三郎
右六定明日弘前表江御差立之旨松前右京殿より御達ニ付
直様差出
一、来ル廿四五日之間惣兵大調練之儀ニ付御達書壱通御
渡
一、中野久治弘前表より帰着
一、石道宇之作弘前より相越会計方より江御用状相達被
見之処召上リ之蜜柑折昆布満日々政御注文申越
一、福山より御人数五拾人余至着

正月廿二日
一、天朝より之拝載筒抽先頃弘前表江八十枚差廻し候処
四枚不足之趣申越且御用之間より御達も有之候ニ付四枚
并ニ御惣督府より被下候足袋八拾四足其外献上之押海苔
秋味共御用状相添宰領小林兵八江相渡弘前会計方迄差廻
し委細者御用状案文留ニ有之
一、西村重吉官軍大小荷駄江罷出足袋九拾五足請取持参
　　勤中御先手組江　和田斗平
　　出役被仰付　岡　健男
　　　　　　　　米田幸次
　　勤中下代格江　竹田利喜三
　　出役被仰付
一、当　家老中より弘前諸御家老中より江申上刻付油紙
包御用状御差立ニ付下代江相渡差立ル
　　金拾両　住吉屋治兵衛
　　金拾両　村田屋斗六
　　金五両　荒谷村辰三郎
　　右三包御用之間より御下ニ付御預申置候
一、西村重吉山本文治東根表江立帰リ御用被仰付候趣御

達相成ル
一、前両人同断ニ付即刻出立之旨届出ル
一、追々為御機嫌伺罷出候御百姓会計方ニ而支配いたし
べく之趣軍方明石廉平より御達
一、東根表より草鞋八万足御下ケ方之儀尾見雄を殿より
御達ニ付委細西村重吉江申談置候事
白紋羽筒袖　弐拾壱枚
罷背服用同　弐拾六枚
黒紋羽同　四拾八枚
右者昨日官軍大小荷駄より西村重吉請取持参之事
去冬軍事局会計之義を建立致し且つ
当所おゐて御軍費窮乏之折柄努力
之次第も有之候ニ付下代格江御雇入
勤同会計方下代被仰付
井上左平
一、去ル十八日十九日至着之御人数江拝載之筒袖并ニ足
袋被下相渡
一、吉岡村八兵衛手船当所ニ帯船罷有候間進撃之節御用
被仰付度旨申出候ニ付其段御用之間申上候処願之通被仰
付ニ付本人より相達
正月廿四日於石神原各藩大淵練御惣督府御覧被仰出候役
参謀中より御達之趣御達
一、金五拾両
右者御日用為御払下代柴圓次郎江払渡
一、畑中長広より御惣督大淵練御覧有之候ニ付兵具足臑
当壱足御用之間より御下ニ付下代中ニ預ケ置候
壱、明廿五日御惣督府大淵練御覧有之候ニ付兵隊四百人
前焚出しいたし候様御用之間より御達ニ付手配方下代江
申付置
一、江戸御勝手より当青森会計司江之御用状長内辰蔵下
宿迄相届候ニ付同人差出
一、竹長持八ツ拵方申付候事
正月廿五日
今日於石神原大淵練有之候ニ付粇粮手配方として種田金
十郎吉田衡平下代中野久治阿部守平手付足軽田中誠三郎
高井紀兵衛七ツ時出役之処益八ツ頃無滞相請帰宿
一是より大淵練ニ付寒天之折柄為防寒御惣督府より御酒
被下候旨御達ニ相成候間大小荷駄江罷出可申旨御用之間

より御達ニ付吉田衡平罷出候処一同江弐斗入四樽被下其
段御用之間江申上置候
一、弘前会計方より昨廿四日付御用状回通竹川市造便ニ
而相達被見之処最前之返書委細者御用状綴リ込ニ有之
一、〆酒八斗
但弐年入四樽
正月廿六日
一、金千七百七拾三両弐分弐朱
銭三百四拾弐文
右者平田男也江引継
一、廟堂より御達書左之通リ
去る九日東京城より重臣之者御呼出ニ付御用人出役田崎
貞次郎当日御重役代ニ而石河七郎差添罷出候処大広間四
之間江弁事西田少将様御出席御書取壱通御渡勝千代様江
御家督御願之儀被聞食届候
旨被仰渡候段此度東京府より申来候依之明廿七日当所詰
惣御役人始諸士徒士御目見以上者御用之間に罷出恐悦可
申上候事
殿様御諱奉称兼広公ニ候段被仰出候旨弘前表より申来
候依之御家中并ニ家来下々ニ至迄右
御諱同宗を勿論力子之読有之候名前早々取替可申候
巳
正月廿六日
正月廿七日
一、為御慰労御人数一同壱人ニ付金壱分ツヽ被下候ニ付
夫々相渡
一、御達書有之綴込爰ニ略シ
敦千代様御儀於東京府殿様為御名代御出席之儀御請
済之上回臘廿三日東京府表御発駕被也候処去ル廿五
日御道中無御滞弘前江御安着被成候段申来候
正月廿日
一、敦千代様御儀
御惣督様江為御機嫌伺弘前より当所江御出被成度依之御
旅館之儀参軍方迄御頼入候様御達ニ付某両度罷越申入候
得共治定無之ニ付今日平田男也被越大道寺源之進江申込
候得共差支候旨断ニ付布施泉江其段申達
二月朔日
一、今日より当番

一、金千三百五拾両
右者御定用御有金先番平田男也より引継立会吉田新平
一、金百両
御日用為御払井上左平江相渡
一、御進撃之節船中為兵粮餅壱人ニ付壱升ツヽ目方
四百七拾匁入小隊輜重方江相渡
一、兼而御布告之郷夫明日益迄浦町ニおゐて御渡之趣廻
章相違候間請取手配可致旨布施泉江御達
二月二日
一、御手船太平丸并ニ　観音丸江米并ニ諸品積入之儀
ニ付湊役所へ吉田衛平名前ニ而書差出委細者届書留ニ有
之
一、追々進撃之御入用之米積入船中用入船中用捨之義者
壱俵ニ付七合ツヽ被下候段御用之間より御達ニ付其旨太
平丸船頭西川元次郎三厩之庄七江相達
福山
佐藤栄右衛門
手代　寅之助
佐藤仁左衛門
手代　傳吉
宿蜆貝町
澤田屋　長吉
右両人請負人物代とともに
御機嫌伺ニ罷出候ニ付御用之間相伺候処滞留為致置可
申旨御達
金三百両　請負人一同
金拾両　赤浪屋平蔵
金五拾両　住吉屋清治
金三拾両　佐藤屋喜兵衛
金三拾両御城下小宿一同
但此内談委　を献上金請払帳に有之
右廉御用之間より御下渡
一、旧臘井上左平島田庄五郎宰領ニ而持参金千両者八百
両岩田金蔵弐百両佐藤屋喜兵衛より　尤未タ献上歟御借
上金　聢と相分ふ申候得共御帳江記置候
一、郷夫請取方として三百八拾六人御渡ニ付手代共并ニ
名主当局江罷出候ニ付役向扱向等申聞置候
一、前段郷夫夫雨具持参参上趣随而為雨具料金弐朱ツヽ

被下候旨御用之間より御達
一、金百両
御日用為御払井上左平江相渡
金六両　白府村
宮之歌村
吉岡村
右三ケ処より献上金御祐筆品川藤五郎持参ニ付預リ
置候
手船壱艘　寅向町赤五郎
石数弐百五拾石　忰　六右衛門
但シ当前浜ニ囲置　宿　今津屋忠右衛門
右者御進撃之節御用相勤申度旨願出ニ付願之通リ被
仰付候段右京殿より御達
一、御城下并在々より為
御機嫌伺罷越候町人共進撃之節御合印之儀背中江白
之菱相付候様御達
一、軍用米津軽様江御預置候白米五千俵之内明日七百俵
積入ニ付御用処輜重方より左之通リ切手請取

覚
一旧白米　七百俵
右者松前様より御注文之内本文之通リ可被相渡候以上
二月三日　輜重局
高柳利助殿
太白壱箱　工藤屋多八
吉田屋萬右衛門
海苔百枚　端立町源蔵
金五両　馬形町御百姓一日代源蔵
金三両　佐藤屋弥三郎
右献上之分品川藤五郎持参ニ付預リ
先立郷夫四拾八人　常盤組村
跡之同拾六人　手代横山馬吉
先立郷夫八拾三人　金木組村
跡立同　弐拾九人　手代芳賀清四郎
先立同　八拾五人　飯詰村組
跡立同　三拾人　手代成田平作
先立　七拾人　大鰐村組
跡立　弐拾五人　手代山中善之助

右手代共罷出別帳調書持参ニ付郷夫袖印金木組手代
芳賀清四郎常盤組手代横山馬吉両人江三百八拾六相
渡尚又雨具料として壱人江金弐朱ツヽ都合四拾八両
壱分相渡
一、御進撃之節御手船並ニ雇船水主共江郷夫同様袖印相
渡候様御用之間より御達ニ付其段下代中野久治江相達
大花折昆布　三包入　福島村
白干鮑　五〆目入壱箇　一同
以上
鰑　拾五把壱箇　小谷石村
打海苔　拾五枚　一同
以上
右品々献上有之　間預リ置可中旨御用之間より御達
ニ付預リ置候
一、福山御百姓一同より歎願書馬形町手代善兵衛持参ニ
付御用之間江進撃之処御預ケ相成候ニ付其旨善兵衛江申
達
二月四日
金壱両　稲見屋　興右衛門
金五百疋　武田屋　定右衛門
金壱両　浅野屋　宇兵衛
金五百疋　柿崎忠兵衛
金三百疋　奥村屋保吉
金三百疋　浦町佐次右衛門
金三百疋　同町太郎兵衛
右諸隊演習所ニ付萬端手掛候ニ付御目録被下候段御
用之間より御達ニ付手付足軽田中誠三郎を以被下
一金五拾両御日用為御払井上左平次江相渡
献上
鮭塩引　唐津内町住吉屋元兵衛
金七両　三厩　庄平
右者小者観音丸去冬より長々滞船罷在候ニ付為御手
当被下
一、金五両　米津屋辰五郎
右者人数旅宿之儀ニ付格別骨折之次第有之候ニ付御
目録被下
御菓子料　泊川町儀右衛門
金五両　松前町半右衛門

右者御用之間より御下渡之趣ニ而御祐筆鈴木百三郎
持参預
会計方下代被　石丸観吾
仰付候段届出ル
太白壱箱　　請負人一同
右者御用席江献上ニ相成候間進撃之節病院御入用ニ
致旨右京殿より御達ニ而御下渡
一、金三千両
内訳
金弐千両　　天朝より拝載之分
金千両　　梁川より献上金
右者井上直之丞弘前表より持参ニ付平田男也吉田衡
平立会之上無相違請取其旨御用之間申上置候
一、竹田作郎外拾シ人至着
一、蛎崎靱之助殿弘前表より至着
一、去ル朔日以来至着之御人数江御手当金壱両ツヽ被下
候旨御達
一、煙草　　六百玉
一、手掛　　百五拾三筋

一、ちり紙　　三〆
右者足軽積金之内ニ而竹田作郎買入持参いたし候間
足軽一同江被下ニ相成候様いたし度旨申立ニ付其段
御用之間相伺候処伺之通り被仰付候ニ付興頭江相達
一代下代格江御様
上ケ之上東根勤番被　　荒木吾八郎
仰付
梁川奉行被仰付候　　工藤丹下
東京府江早被仰付明後出立
一、白米三百五拾俵　　太平丸積入
升四斗八合五夕
一同　百五拾俵　　観音丸積入
升前断
右者兼而津軽様より御約束之軍用米五千俵之内右之
通り平田男也吉田衡平下代石丸観吾立会之上請取直
様積入
一、金拾両　　赤浪屋平蔵
一、金三百両　　請負人一同
一、金三拾両　　小宿一同

一、金五両　　馬形町御百姓一同

佐藤屋弥三郎

一、金三両　　泊川町儀右衛門

一、金弐千疋　　小松前町半右衛門

右者明日弘前表江御差廻しニ相成候間御祐筆江払渡

可申旨御用之間より御達ニ付鈴木百三郎江相渡

一、金六両　　白符村

宮歌村

吉岡村

一、金拾五両　　吉岡村松田興三郎

一、金三拾両　　佐藤屋喜兵衛

一、金五拾両　　住吉屋清次

明治二巳四月ゟ

日記

惟善

四月朔日

酒弐斗入弐樽ツヽ　壱番隊ゟ

肴料　八番隊迄

壱人ニ付百疋ツヽ　遊糾奇隊

各藩嚮導

酒五樽　御本営付

肴料　総長官ゟ

壱人ニ付百疋ツヽ　足軽迄一同江

酒四樽　仲間

肴料　小者

壱人ニ付五拾疋半　百姓

酒拾樽

肴料金拾五両　人夫一同江

右之通リ為御慰労被下

同　二日

一、金六百両　右者官軍会計方ゟ

御拝借金御預立之通リ被仰付候

間、請取可申旨御達ニ付会

計方江罷出請取之上廟堂江

差出
則右書面左之通リ

覚

一、御金六百両也
右者拝借預之通リ被仰付慥ニ
奉受取候、返納之義者東京
ゟ着金次第返納可仕候、仍證
文如件

明治二年　松前藩
己巳四月二日　布施　泉
蛎崎　多浪
松崎　多門

会計
御役所

一、御国産物会所ニ而昨年中鯡〆
粕四百本御買入ヨイチ場所
囲置候得共、急速積取相成兼
候ニ付而ハ虫付等ニ而直段ニ相抱
候義も可有之、此節青森ニ而買入
人有之候間、御払ニ相成候而ハ如何
可有之哉之旨伊藤五左衛門ゟ過日
申出有之、其段雄三殿江相伺
候処、御払相成候様可取計旨御
達ニ付申達候処、右御払代之
内金四百五拾両上納ニ付、廟堂ゟ
申上候、左之通リ書付差遣

証書之事

一、金四百五拾両
右者ヨイチ場所ニ囲置候
鯡〆粕四百本払代之内書
面之金子受取申候、已上

明治二年　松前藩
巳四月　奥平鉄四郎印
種田金十郎印
吉井　歩印
斉藤左司馬印

神宝丸
松右衛門殿

覚

一、鯡〆粕四百本
　但右神宝丸八長
　州之御雇舟ニ而御
　城下泊川町多三郎
　取扱候
　但目方有合丈
右代金之内
　四百五拾両也四月二日請取
右売渡候ニ付、此書付引替
可相渡候、已上
　明治二年　前四人印
　　巳四月
　　ヨイチ場所ニ而
　　　平蔵江

四月三日
一、左ニ時計四ツ御買上方廟堂
ゟ御達ニ付、上林熊次郎ゟ代金九
拾両ニ御買上
同　四日
一、奥平鉄四郎義官軍会計方被
仰付候ニ付、拙者当番相勤候得
共、近々御進撃ニ付、御差支ニ可相成
哉之段御用之間江相伺候処、西村
平吉青森該大会計被仰付候
ニ付同人江御金銭引継相済
一、
金三千両
右官軍会計方ゟ御内談之分
西村平吉罷出請取持参
一、乗義白隊ニ付、会計方之処赤
隊江御操替被仰付
一、明五日朝六字ゟ諸兵隊乗組十
字ニ限リ昼一字出帆、夜二字乙部へ
去、天明一同揚陸直様□《ママ》請候ハ、
差向可申旨御達候処、天気不
宜敵地乗陸揚波濤恐《ママ》敷可有之
見込ニ候間、明後六日朝四字ゟ八字
迄ニ乗組十字出帆之旨御達済ニ
相成
一、六寸短銃之弾薬不足之分
弐万八千上林熊次郎ゟ請取方
として乗算ニ器械方斉藤和度治
同道請取、尚又レミントン短銃四
梃玉三百発相添御買上之義

廟堂ゟ御達ニ付、買入之上和度治
江相渡
同　五日
一、明日乗組之義御達ニ付、乗組手配方
として軍艦江相越手配ニおよひ候事
同　六日
一、朝六ツ半時壱弐番隊并ニ八遊糾
奇隊大砲壱門青白御本営付
御人数共々乗船四ツ時出帆
一、上原久七郎青森該大会計被
仰付西村重吉義小会計ニ而赤
隊付被仰付候事
同　七日
一、昨日出帆之御軍艦何れも風浪
之ため平館江碇泊之趣、津軽
藩佐田大之丞ゟ承り
同　八日
一、御軍艦未タ平館碇泊之趣

覚

一、白米　三千七百八拾俵
一、莚　四百七拾九束
一、酒　百五拾樽
一、味噌　百樽
一、塩　五拾五俵
一、草鞋　七万足
一、槙　四百六拾本
一、苫　三百枚
右之品々軍用ニ付、追々船都
合ニ寄積取可申候間、扱問屋
河田屋吉郎右衛門ゟ御届次第
御当所津山方之儀者差支無之
様、此段御届申置候、已上
己四月八日　種田金十郎
右書面参軍方佐田大之丞江差
出候処、承届候旨申聞ニ付、其旨
御用之間江申上置候
同　九日
一、御用有之候間、可罷出旨大小荷駄
ゟ差紙ニ付罷出候処、今日備前藩
当所江纏込ニ付、是迄御人数居合ニ
宿々成丈合宿為致候様掛リ高津
伝八ゟ被相達候事
同　十日

一、ヤンシイ并ニ外壱艘帰帆ニ付様子
承リ候処、去ル八日七ツ時過差立乙
部村江着元ゟ直様上陸之上追撃ニ
及候処、江差表江追込、最早平定ニ
相成候哉ニ承ル

同十一日

一、御用船江積入ニ付、立会委細者
積入帳ニ有之略

一、ヤンシイ船江伊州、久留米、備前、岡山
右三藩人数四百人乗組夕七ツ時
晨風丸同様当浜出帆

同十二日

一、八ツ時豊安丸入津

一、夕七ツ時大小荷駄ゟ御用之趣ニ付
罷出候処、此後豊安丸江人夫
三百人為乗組且蝋燭弾薬残リ之
分早々積入方手配可被致旨被相
達、尚人夫之儀者諸藩江割合之上
相達候段被相達候

一、後刻大小荷駄ゟ御用便ニ付罷出
候処、人夫六拾四人乗組方御達

一、同夜蝋燭并弾薬人夫共浜
表迄取配候得共、船中差支ニ
付積入見合ニ相成

同十三日

一、今九ツ時迄ニ豊安丸江積入相済
人夫共乗組ニ付、手付足軽田中
正年、器械方品川清蔵乗組夕
七ツ時出帆

同十四日

一、明十五日四字ゟ十字迄ニ乗組方左
之通御達ニ付

一、金三千両
右者徴兵ニ付、為軍用青森会
計方上原六七郎ゟ請取

同十五日

一、朝五ツ時御人数一同浜表江揃之上ヤ
ンシイ迄乗組之処、多人数乗組ニ付
御人数之内四拾人余人夫不残乗
船相成兼候ニ付、上陸之上大小荷駄江
掛合候処、大坂艦只今青森表江出
帆ニて相成候間、右江乗組方達ニ付

差扣居候処、八ツ半時乗組被仰出
直様乗船夜五ツ時頃青森表
出帆
同　十三日
一、今朝四ツ時過江差表江入着、夫ゟ直様
上陸御本営金毘羅堂
同　十七日
一、今日三番四番弐兵ニ付、軍事方明
石廉平下国美都喜出兵ニ付軍用
金百両ツヽ相渡候様御達ニ付、
両人江相渡
同　十八日
一、今朝御城下表ゟ乗切到着ニ付
御達之趣
以て便七ツ時頃遊撃隊江御城
乗取候段申越候間、為心得相
達候旨蛎崎靭負之助殿ゟ御達実ニ
大悦至極ニ奉存候
同《ママ》　二字大坂艦江乗組福山表江
出帆ニ相成候間、早々手配可致旨尾
見雄三殿ゟ御達
一、昼一字

御木主并ニ御本営付不残兵
隊五番、六番共大阪艦江乗組江
差表八ツ半時出帆福山表江五ツ
時着船四ツ時上陸、町役所江
御木主并ニ御本営付共宿営、兵
隊光善寺江宿営
四月十九日
有田太郎兵衛
桜庭　房吉
右者大小荷駄方近々進軍ニ付
知内村迄右為手配立方掛リ
手付被仰付随而錦章并ニ
肩印御渡之上即刻
出立申渡候様御用之間ゟ
御達ニ付相達
一戸　久蔵
其方義町人之身として旧冬以
来只管
御回復之儀ニ付、公義を守リ
私親を抛リ始終報国之赤
心不相諭候条武門之習と
不至って

御満悦被遊候、依之一代士席
御先手組江御登用之上町年
寄、頭取
右之通被仰付候旨御達
一、金弐百両
右者昨日差出候高松太郎殿
御軍用金御下戻ニ付、西村
重吉江相渡
同廿日
千歳酒三梃
身欠拾把
右岩田重蔵ゟ献上之分御人数
一同江為御慰労被下候旨御用
之間ゟ御達ニ付被下方左之通
取計
大坂酒　半梃　八遊糾奇
身欠　弐四ツ、隊江被下
右之外者御本営付御人数一同并ニ
大砲方掛り等江者大坂酒
五合ツ、身欠五本ツ、被下
大山酒　壱樽　里長一同江
身欠　壱こ　被下

酒　弐樽　人夫一同江
身欠　五こ
大山酒　弐樽　糾武隊到着
御肴料金　三両　ニ付被下候段
御達ニ付相渡
金弐百七拾九両
一、銭三拾五文
右者森省吾江差表ゟ為軍用
金三百拾両持参之内、金七拾
両三分三朱、銭三百九拾文別紙
調書之通リ遣払如高上納ニ付
預リ置候
同廿一日
一、御木主江毎朝御菓子壱分代
可献備可致旨御達
一、金弐百両
右者沖崎屋仁兵衛ゟ此度之
御場合乍聊御用途ニ献上願
出ニ付、御聞届ニ相成候段布施
泉ゟ御達ニ付御下渡
蛎崎　多浪
御用人軍事方御免両謀被

仰付尤席順之義七等者軍事
方次席
右被仰付候段御達
御役御免　　蛎崎　多浪
白隊
斥候　　志村　牧太
御使番
四月廿二日
右質問方被仰付
尤諸席ゟ周旋し可致　蛎崎　多浪
尽力旨御沙汰事
参政軍事
方復職　　蛎崎　多浪
一、金弐百両
右者尾見雄三殿、新田主税殿、東在ゟ
出兵ニ付、軍用として御渡之趣御達ニ
付差出外酒拾樽、身欠壱箇岩田
屋又七ゟ献上候、右手甫東在江差出
置候用御達ニ付差出候
一、金千両
右者軍事御用品御買上当テ
として町年寄江相渡候様御達ニ付
一戸久蔵江相渡請取書存之
四月廿三日
一、ヤンシイ船青森出帆当津江入着上乗
中野源作上陸左之通リ送リ状持参ニ
付、陸上方ニ付下代此木円次郎
差遣候處、只々木子内村江出帆ニ付
夕刻帰帆之節陸上ケ可致旨挨拶ニ
付、其段御用之間江申上置候
一、莚包箱　　拾壱箇
黒無地韮山笠六拾蓋ツ、入
一、同　　壱箇
嘆国真鍮胴大太鼓壱ツ
脊負皮撥捻廻し付
同替皮　表十　裏五　拾五枚
同横笛　紫檀十　竹　十一　弐拾壱本
巳四月廿一日　青森詰
松前
会計方
江差詰

松前
会計方

御家之御書物者勿論器械等に至まて隠し置候は、早速可差出旨御恢復否触達し置候処、追々差出奇持之事ニ候、就而者御手許御本類を始徴典館御書籍諸渡所諸番所日記、諸帳面類至迄書記局ニおゐて取調夫々引渡候筈候間御家之御書物ト相見得候分者聊之書付状通ニ候共不隠置御陣所書記局へ差出可申候

四月廿三日

一、歩兵乗馬不相成旨兼而天朝ゟ御達有之候処、間々乗馬致し候ものも相見得、甚タ不埒之義法度御取置可有之候事

一、隊長、斥候等乗馬之節者会議所江可届事

小砂子村
百姓
喜代兵衛

帰村之上休息可致御達ニ付申達

吉岡村
六三郎

一、金弐拾両

右者昨年福嶋村ニおゐて戦争之砌鈴木織太郎ゟ白鳥遠江江相渡候用意金弐拾弐両之内弐両遣払残金如高上納之旨御達ニ付御下ケ茶并ニ西村両名之請取書差出置候

一、金百両

右者五百澤昇七郎、青森表ニおゐて御進撃御用途金献上之趣下国東七郎殿、布施泉、蛎崎多浪ゟ御渡ニ相成候ニ付、御金銭請座江組入置候

四月廿四日

一、青森表江差残し置候米并ニ諸品積取ニ付、六百石積取之船壱艘相雇差向申度旨御用之間江

申上候處、右ニ取計可申旨御達
ニ付、町年寄江右之儀談置候

一、金拾五両　　埒知石町
　　　　　　　　泉右衛門

右者此度之御用途之ため献上
之趣ニ而御用之間ゟ御下渡ニ付、
献上金帳江差かへ

　　　　吉岡村
　　　　　小治郎

帰村之上休息
可致旨御達ニ付
申達

御紋付弓張　拾張　山田屋
　　　　　　　　　紋治郎
町印　同　拾張

右献上候請ニ付預置候

一、献上之町印弓張以来之通リ町方ニ而
相用候而も不苦旨御用之間ゟ
小野伴次郎江御達之旨下代井上左平

ゟ申聞有之

四月廿五日

一、此度高松太郎殿御用之御一条ニ
付、東京府江出発ニ付為御銭別
金千両長崎貞五郎江前同様と
して金百両、都合千百両御用之
間江持参、下国東七郎殿江差出

　　　　船主
御風丸　岩田　又七
　　　沖船頭
　　　　　権七

一、弁財七人乗
　　素　六百四拾石四斗五升

右者青森表ニ有之候御用品
積取方願出ニ付、御聞届ニ
相成候間、取計可申旨御達ニ
付、直様上京久七郎江之
御用状岩田金蔵代安蔵江相渡
早々出帆申渡

一、去ル廿日付青森詰上原久七郎江之
御用状相達し披見之処、高松太郎殿

荷物并匹夫三拾人差廻し候旨
承知之旨委細斉藤左司馬迄御
用状差出候趣申越

四月廿六日当番

一、御用船御風船出帆之趣岩田
又七ゟ届出候也

一、金三百両
右者江差表為御入用下国東七郎殿江
相渡候様布施泉殿御達ニ
付、則同人江相渡

一、金弐拾両
右者清瀬佐兵衛他藩江付
会も有之候間、御手当被下候趣
蛎崎多浪ゟ達ニ付被下下代江
相達

一、吉井歩御軍艦願之通リ御免ニ付、
小者磯谷上納之旨申出ル

一、前ゟ上納之小者磯谷、小林、頼母
拝借願奉ニ付、則申達
明一日迄被下品

一、金拾両ツ、　七月十二日
被下

一、金三両　下女給金
外ニ
七人扶持
代金拾四両

一、上白米　一日　五合ツ、
一、中白米　一日　五合ツ、
一、　夏　弐俵半
冬　六俵
夏　五合
一、油　冬　七合五勺
一、中蝋　五丁
一、南部布　弐尺
一、箒　壱本
一、草リ　壱本
一、附□（ママ）　三匁ツ、
右者日々御吟味所ゟ被下

一、大炮壱門明日箱館表迄出張ニ
付、隊長枚田津盛江為用意金
金弐拾両相渡候様御達ニ付、
下代江相達

一、小高長左衛門、中原金八明一日付
被仰付候旨届出候
四月廿七日
一、弁財五人乗　工藤忠兵衛
手船
万丸
金蔵
右者青森表江今日出帆ニ付、御
船印御渡方願出ニ付相渡
四月廿八日
一、金七両壱分弐朱
右者賊政之節大野屋喜左衛門江
金百両相渡ハン注文之処、弐両
弐分ト五百文価出来差出ニ付、残
金如高町年寄ゟ御用之間江
差上候分万屋嘉左衛門江御預ケ
之趣布施泉ゟ達ニ付、嘉左衛門
手代正蔵江相渡則御金預ケ帳ニ
記置候
一、大病院ゟ長持壱棹入用之儀申
立ニ付、御宝物扱方吉井歩江申談候
処、明長持有之趣ニ付請取之上
病院江相渡

一、金百両
右者御同用為御払井上左平江
相渡
一、肩印百五拾枚扱方軍艦小林頼母
ゟ被相達候ニ付、拵方之儀向々江相達
一、金拾両
右者西本方菴大病院詰ニ付、為用意金
相渡可申旨布施泉ゟ達ニ付、渡
方之儀下代江相達
一、最前戦死之悴今度御用之間子
供勤被仰付候ニ付、衣服料壱人ニ付
金五両ツヽ被下候旨布施泉ゟ達ニ付、
右之通リ被下方下代江相達
奥之丞悴　雄五郎悴
今井定太郎　鎌田　茂吉
十三歳　十歳
金七郎悴　藤次郎悴
桜井貞太郎　難波　藤作
十三歳　十三歳
此治悴
三浦　松蔵

四月廿九日
一、金拾両
右者清水平四郎儀大病院俗事
掛被仰付出兵ニ付、為用意金相
渡候様布施泉ゟ達ニ付、渡方之
儀下代江相渡
一、酒壱樽
右者遊撃隊江為御慰労被下候
旨御達ニ付相渡
一、旧来之文武館江間取見合会計
方引移リ可申旨御用之間江御達ニ
付、夫々見分いたし候事
一、太平丸元治郎乗入津ニ付、上乗足
軽奥山四郎罷出御用状差出候ニ
付披見之處、去ル廿一日付青森
詰上原久七郎ゟ之御用状相
達披見之處、左之通リ差送リ候段
申越外申越之廉候、委細御用状有之
二月五日積入　改升四斗八合五勺入
一、白米　三百五拾俵
同　六日同断
一、同　弐拾弐俵

同
一、叺米　拾壱俵
一、味噌　三拾樽
江戸下リ
一、白米　三拾俵
一、棰　五百本
一、草鞋　七百足
一、莚　六拾束ト四枚
右之通リ大平丸江積入差廻し候条
着岸之上御改可被成御請取候
以上
巳四月廿一日　青森詰
上原久七郎
一、白米　四百弐俵
一、味噌　三拾樽
右者上田忠右衛門蔵入ニ相成
一、外積来リ早ニ者西川准兵衛
蔵入ニ相成候
田村新右衛門
手船

天福丸
千代吉乗
右御用船被仰付青森表江出帆ニ
付、御船印相渡
五月朔日
一、金千五百両
右者栖原半六ゟ献上金布施泉ゟ
御下渡
一、金五拾両
右者御同用為御払下代此木
円次郎江相渡
同　二日
一、是迄元町役所江詰居下宿有之候
処、御用之間ゟ御達之儀も有之
一同阿部屋伝次郎元宅江引移
候事
同　三日
一、今朝通り御達
去ル朔日留川村ニおゐて参謀
衆ゟ御呼出ニ付、軍事方杉村
矢城差出候処、御書取を以
御賞　有之

松前兵隊
其御藩兵隊昨廿九日矢不来ニ
おゐて勉励奮戦仍之速賊
徒敗送致候段速ニ
御総督江可相達候、先不取敢御
酒肴料目録之通り差送候也
五月朔日　参謀
目録
金百両
以上

一、白米　　百七拾弐俵
　　但し預リ米
一、同　　百五拾弐俵ト
　　　　　弐斗
　　但し
　右者濁川村之分
一、同　　五拾俵
　右者文月村
一、同　　弐百九拾壱俵
　右者有川村有米

一、酒　七重濱出張先迄　八樽
一、白砂糖　壱樽
一、鰹節　弐樽半
　右者地嶋幸次郎宰領ニ而
　御城下表ゟ御差廻し
五月十二日
五月十二日
一、酒　弐樽
　有川村ゟ斉藤持参
一、酒　拾八樽
　戸澤屋持参
　十二日夜
一、同　壱樽
　友北隊并ニ五番隊江
　　　被下候事
〃十二日
一、酒　壱樽
　右者寄、糾両隊江被下候事
〃十二日夜
一、同　壱樽
　本陣入用

〃十三日
一、同
本陣入用　　壱樽
〃十三日昼
一、同
本陣入用　　壱樽
一、六百三拾五本　　壱樽
一、八拾四本　　壱箇
〆
一、百五拾本　　茂辺地
一、四拾本　　大野
一、七拾本　　有川
〆　弐百六拾本
一、六寸短銃
弾薬　　弐万
一、管　　四千
一、スナヱツル
弾薬　　三千五百
一、七連銃　　四百弐拾
一、レミン銃　　四百三拾

有川、大野御出兵御人数江
御渡御一同
一、七連銃　　九梃
一、スタ銃　　拾弐梃
一、レミン銃　　九梃
一、元込　　三拾四丁
〆
一、白米　　六拾俵
一、蝋燭　　大小取合
五箱
一、草鞋　　五千足
此箇廿五箇
一、煙草　　千八玉
此箇箱
一、大山酒　　三拾樽
一、津軽酒　　拾五樽
一、ちく紙　　七〆
此箇弐箇

一、身欠　拾本
一、味噌　拾樽
一、白メ油　五升
一、醬油　三樽
一、半紙　三メ
此壱箇
一、梅漬　壱斗入　三樽
此壱箇
右者大野村出張先迄送リ荷
六月廿七日
一、金百両　上林熊次郎
右者利足付ニ而正金借用

奥書
所蔵者　東京市小石（川）区水道端
氏　名　種田　基宏
体　裁　用紙半紙三拾七枚、始七枚ト終リ二枚ハ記事
アルモ余ハ全部無記事ナリ
本書ハ右ノ全写本ナリ
昭和四年十二月二十六日

箱館戦争関係日記

右四廉進撃為御用献上ニ相成候間、御定用江
差加候様御用之間ゟ御達ニ付御定用江
入帳いたし置候、

二月六日

一、金　四千弐百拾壱両　御定用

一、金　六拾両弐朱
　　銭　百八拾六文　別段御預金

右者当番平田男也江相渡

同　七日

一、寅向町御百姓市松手船百石積位御用
　相勤度旨願之通リ被仰付候事

同　八日

　　　　　　川原町
金　千　疋　儀平治
金　千弐百疋　松前村御百姓惣代
　　　　　　孫兵衛

右者御進撃御入用として献上

二月十一日

一、今日ゟ当番

一、金　三千九百拾四両壱分　御定用
　　銭　三百三拾四文

別段御預金
一、金　六拾両弐朱
　銭　百八十六文
右先番平田男也ゟ引継
一、金　百両
右者御同用為御払井田勘次郎相渡
一、金　拾五両
右者三厩詰大橋兵平ゟ用意金申越
候ニ付差送候間、差出可申旨松崎多門ゟ
達ニ付差出
一、御用人松崎多門、布施泉ゟ三厩詰大橋
兵平江之御用状御渡、右ハ押切船頭木田
留次郎明日三厩表江差廻し候間、右御用状
相渡、尚押切船之儀者早々当所江差廻し
可申旨御達ニ付、與頭差添呼出金子入御用
状相渡
一、御進撃之節御用船相勤申度船ニ最
前ゟ長々滞船ニ付、水主共江御賄被下方
相伺候処、左之通リ之割合ニ而被下候段、御用
之間ゟ御達
　壱人ニ付一日
　玄米　七合五勺
　味噌　弐拾目
　茶代　弐拾文

二月十二日
一、工藤丹下今朝出立之旨届出ル
一、壱番隊ゟ八番隊迄附陣之郷夫引渡ニ付、
立会平田男也下代中墅(野)久治出役
一、当御用之間ゟ弘前表御用之間江之午之
上刻付御用状御祐筆差出候ニ付、差立
方石丸観吾江相達
一、最前御引ケニ相成候大小数心当有之候半、
印形取之被下方取斗可申旨御達
　刀　壱腰　石丸観吾品之趣申出ニ付
　　相渡
　同　壱腰　吉田六郎前同断
一、金　四拾三両三朱
　銭　五拾文
右者下代当番井田勘次郎ゟ石丸観五郎江
引継立会吉田衡平
二月十三日
献上

一、丹波葉　拾箱
一、切素麺　拾箱　　桂吉左衛門
　拾貫目入
御家中様
一、岐阜粉　七箱　　前同人
　弐百玉入
　献
金　弐千疋　　泊川町
　　　　　　　喜　八
右者御進撃御用として献上之趣ニ而
御祐筆鈴木百三郎差出候ニ付預リ
一、以来三日代リニ当番いたし候積平田男也江
談済
二月十四日
一、金　三千八百拾四両壱分
　銭　三百三拾四文　　御定用
一、金　六拾両弐朱
　銭　百八拾六文　　別段御預金
　右者平田男也江引継
　　上之国御百姓惣代

一、金　拾両　　善　治
　　　　　　　直三郎
右者御進撃御用金として献上
同十五日
一、為御慰労壱人江金弐朱ツヽ御人数一同江
被下
同十六日
献上
一、金　五両　　沼田屋
一、塩引弐拾尺　　善兵衛
一、蛎崎靭負之助殿蒸気船江乗組ニ而
今日出帆東京府行之趣
同十七日
一、今日ゟ当番

—

此間六白用紙

—

御百姓惣名前

近江屋
久　蔵
戸沢屋
利左衛門
上之国
善　治
雨垂石村
長左衛門
椿屋
国　吉
茂草村
丹次郎
及部村
長三郎
江差ノ
平左衛門
村田屋喜六
代　佐　吉
宮ノ歌村
又三郎

張江珠五郎
金子屋元右衛門代
長　吉
清部村
松右衛門
枡屋栄右衛門代
寅　吉
江良町村
為　治
根部田村
安　五　郎
工藤宗兵衛
代　多　八
酒屋
源　蔵
吉岡村
治　兵　衛
京屋谷右衛門
代　吉　蔵

宮ノ歌村
又三郎
塩越屋庄兵衛
代　太郎兵衛
近江屋
久　兵　衛
吉岡村
小　治　郎
松前村
孫　兵　衛
小砂子村
喜　代　平
住吉屋
治　兵　衛
小塩屋半四郎
代　半　作
越前屋
万　蔵
吉岡村
六　三　郎
下及部村
松右衛門

京屋谷右衛門
代　吉　蔵
上野屋
又　三　郎
上田惣右衛門
代　六　三　郎
白府村
清　兵　衛
原口村
善　五　郎
佐藤屋喜兵衛
代　太　吉
三春屋太三郎
代　房　吉
岩田屋金蔵
代　安　三
中屋
長　次　郎
福島村
甚　五　郎
長田屋
喜　六

住吉屋元兵衛
代 六三郎
吉田屋万右衛門
代 朝吉
住吉屋清兵衛
代 儀兵衛
沖崎屋仁兵衛
代 藤五郎
越前屋
万蔵
江差
直右衛門

近江屋
善兵衛
仙北屋仁左衛門
代 伝吉
神明町
豊吉
近江屋久蔵
家内 源蔵
中屋
長次郎

〆 四拾九人

—

此ノ間二葉白紙

—

布告書

旧冬
寛裕院様御逝去之儀者脱賊禽獣
為めに三百年来之邦土を被奪候段、上者
天朝
御先代様江奉対下者衆民ニ向ひ御申
訳無之餘全以御憤死被為遊候事
闔藩之知所ニ而即賊手掛テ
御果被為遊候も御同前ニ候、依之此回恢
復之奮戦
寛裕院様御木主を中軍ニ奉シ三軍喪服
着用誓而亡君之御志を継述地下之
御憤魂を可奉慰候、万ニ一敗軍ニ及ひ候ハヽ
御木主之御供として三軍不残戦死之覚語(悟)
可有之候定例
巳三月廿六日
明廿七日明六ツ時於諏訪濱ニ御木主拝礼
被仰付候、

申合

一、兵器を失ひ者ハ罪す
一、定令之兵粮不所持者罪す
一、草鞋用意弐足より不足なる者罪す

一、酸味を可用意事
一、退而即雑せられんより者進而生命を全ふ
すべし
右條々可相守もの也
巳三月廿七日　長　官
赤隊付
副総長
蛎崎靫負之助
同軍事方
布施　　泉
右之通被仰付候、
青隊
軍事方　下国　美都喜
赤隊
軍監　氏家　左　門
三月廿七日
御軍艦
鋼鉄艦　春日船　丁卯艦　陽春艦
運送船
豊安丸　長風丸　飛龍丸
右昨日ゟ今日迄ニ当港江着致候、

残戌辰丸者宮古港辺ゟ東京ニ捓引返し
候趣ニ候、仍而為御含及御布告候也
三月廿七日　会議所
各藩
隊長御中
斤(斥)候船相図之事
斤(斥)候為メ碇泊所ヲ去ル事三里ニシテ碇泊
異国形之船印見候ハヽ、直ニ一発ス、其マニ碇
ヲ上ケ帰船ノヲリ一里半位ノ所ニ而弥敵船見込
候時ハ二発シテ我港ニ帰船ス候事
海軍
三月廿九日　参謀
当青森諸人数
一、士　百九拾三人
内七人三月十日御届後着
一、徒士　弐百壱人
内弐人前断
一、足軽　三百六拾三人
内弐人前断
中間
一、小もの　百三人
百姓

内六人前断
〆　八百六拾人
外ニ郷夫三百六拾六人
内八十人三月十日御届後増
白隊郷夫
永　作
岩　蔵
西中野目村
文次郎
佐　助
利　吉
馬　助
常盤村
柾次郎
長　之
金木村
甚四郎
専　七
宇　之
辰五郎
直右衛門
孫三郎

馬　之
長次郎
種　蔵
脇之村
寅次郎
小泊村
粂
脇之村
留次郎
尾別村
忠　吉
中里村
重　吉
村山左留小者
仁太郎
六之丞
六左衛門
御医師付
飯詰村
由　吉
下石川村
甚三郎
福山村
孫　六
三次郎
白隊村

手代
久保田久太郎
村役人
常盤組
十川村
長　作
豊岡村
善太郎
八番隊付
下石川村
夫頭　斉次郎　藤三郎
永太郎　孫太郎
高墅村
幸　七　綾　蔵
半三郎　一ノ坪村 金四郎
万　助　鉄
勝　仁　助
太刀打村
藤　吉　伝次郎
米田村 長　吉　万次郎
浅井村
権三郎　勘五郎

岩　吉　戸沢村 夫頭　鶴　松
〆　弐拾人
遊撃隊
飯詰組
飯詰村　戸沢村
重右衛門　次五兵衛
水墅村 留之助　丑之助
茂　吉　前田墅目村 長　作
三次郎　九郎助
大鰐組
大沢村
孫次郎　重左衛門
長次郎　定次郎
多左衛門　辰兵衛
藤七郎　喜　之
夫頭　権之丞　久吉村 多　助
斉　吉　佐太郎
〆　弐拾人
糾武隊付
三ツ目内村　小金崎村
夫頭　岩　吉　三次郎

茂八　寅吉
常吉　安太郎
小左衛門　丑之助
円次郎　□村林蔵
佐吉　林助
須田村竹　孫作
申松　□吉村多助
古懸村惣十郎　仁三郎
善吉　申松
〆　弐拾人
寄兵隊付
十川村多吉　長兵衛
斉吉　永助
甚左衛門　葛墅村佐吉
福　万之
中島村三四郎　惣助
已之助　斉次郎
権吉　中墅目村銀蔵
嘉七郎　徳下村嘉之
福助　佐五右衛門
水浪村万助　徳下村永吉
〆　弐拾人

先鋒兵隊
長州兵隊　三百人
津軽同　三百人
福山同　四百人
大墅同　百人
徳山同　百人
右之通リ被仰出候事

布令

明五日朝六字ゟ諸隊乗船十字ニ限

但十字迄乗船無之もの者先鋒被差除候事

昼二字出帆、夜二字乙部着、天明一同揚陸直様名受候半、差向候事

松前口

松前　弐百人

長州　百人

福山　百人

津軽　百人

大野　百人

厚沢部口

長州　百人

松前　弐百人

福山　百人

輜重要護兼熊石迄探索之兵

福山　百人

津軽　百人

予備隊

長州　百人

徳山　百人

砲兵　六ツ

進軍之節諸兵隊得武具之外テント

フランケ合羽之外荷物一切軍輸不相成事

弾薬之儀、銘々人別所持之外五拾発ニ限、其外之儀者大小荷駄迄可申出事

豊安丸　弐百人

ヤンシイ　不残

従会議所御布告相成候通リ銘々処持之外、人別五十発ツヽ、御用意之外、向地江御持渡之弾薬之分者ヤンシイ艦江明日同時ニ御積込可被成候、已上

長州　津軽

福山　松前

大野　徳山

隊長各中様

再伸、明朝八字迄之内向地江渡之兵粮於大焚出場御引渡受候間、器物御用意御請取可被成候、以上

先鋒兵隊弾薬之義御見込之数早々

御仕立今四字迄迄《ママ》会議所江御仕出
可被成候、以上
　四月四日　　　会議所
明五日乗船ニ付、昼夕二度之兵粮の義も
各藩ニおゐて兵隊腰兵粮用意いたし候様
及御布告候也
　四月四日　　　会議所
兼而参謀ゟ厳令も有之
天朝至仁至慈之御主意候間、戦争中
降伏之賊徒あらハ束縛して隊長江可差
出候、自己に打殺し候等之儀ハ堅く禁上之事
　四月四日
以廻章得御意候、然者別紙之通り当局
印旗其外其筋ゟ
　青一二隊白不残
　　青隊
　　　吉田　衡平
　下代
　　上原藤十郎
　手附
　　高井紀兵衛
白隊
　　斉藤左司馬
　下代
　　高知尾鉄五郎
　手附
　　田中清三郎
右者明日出兵被仰付候旨御達
四月四日
　工藤屋　多八
　工藤屋　忠兵衛
　　　代文　蔵
江差
　　詰木石町
　　　平左衛門
右三人大小荷駄迄附属として
差廻し
　　酒　屋
　　　　源　蔵
　村田屋
　　　喜六
　　　　代
　　　　　佐　吉
右両人大小荷駄江差廻し

各御覚語(悟)之儀と者存候得共、各艦乗込之
兵士弾薬を携加之艦中ノ多分之弾薬
積入有之候ニ付、火害之患不少候間、煙草
其外火用心厳重有之度、其旨兵士江
屹度被示置候様存候、此段為念及右布
告候也
四月四日　　会議所
各藩
隊長御中

明六日暁四字七ツ半ヨリ朝八字五ツ半迄ニ乗船
可致之旨命令ヲ蒙リ候条、暁七ツ時支度
相斉御本陣前江出張諸隊一同可集事
四月五日　　青隊 白隊　総長

青　一番隊
二番隊
八番隊
遊撃隊
白　糾武隊
奇兵隊
大砲隊
六小隊ヲ二ツニ分ツ
一ハ
〇松前□即江差
一ハ
〇厚沢部
一、江差　下国東七郎
豊安丸
大砲壱ツ、八番遊、糾　〆三隊
一、厚沢部　松前　右京
ヤンシイ
一番、二番、白ノ奇(奇)兵隊　〆三隊
外人夫、器械共乗込
一、人夫　六拾人
但一小隊ニ付拾人ツヽ
一、人夫　拾五人

但大砲隊
一、人夫　弐拾五人
但会計方付
〆　人夫　百人
右之通リ取極候間、可被得御意候、
四月五日
青隊
軍事方
下国美都喜
三番隊
右御中軍赤隊之内ニ加リ命令次第
出兵被仰付候、
土佐御藩
長崎貞五郎
山脇　亥策
右者高松太郎殿ゟ御申込之義も有之候ニ付、
御中軍赤隊江組入出兵相成候間、此段
相達申候、

斥候斥候　隊長―青　軍監―副長　斥候斥候○
○隊長―赤四番　軍監―副長　斥候斥候　隊長△
△―赤五番　軍監―副長、軍監、大旗守護□
明石　守衛　布施
□軍事方御　軍事方新田
副守衛下国
軍事方蛎崎　⌛
⌛長崎謀士　斥候　大書記従者
山脇惣轄　小書記従者×
弐人
×斥候斥候　隊長―赤六番軍監―副長　斥候斥候　隊長―

一 赤七番軍監
　 副長
前段行軍之節各隊ゟ御大砲方用聞として御使番壱人輜重方ツヽ中軍江差出置可被申候

赤印
四番附付郷夫

高根村　藤枝村
久七　長次
茂助　脇元村 重右衛門
多三郎　由蔵
由吉　市五郎
吉三郎　巳之助
宮川村
勇助　佐吉
丑之助　脇元村 喜作
定次郎　八太郎
四郎兵衛　猶次郎
八幡村
男助　脇元村 喜助
〆弐拾人
五番隊付
飯詰村
夫頭 金次郎　夫頭 惣之
円次　巳之助
清八　友吉
久七　惣吉

長五郎
多喜
與作
久太
和吉
金山村 甚之
〆弐拾人
六番隊付
金山村 幸吉
彦吉
長五郎
末広村 政吉
弥兵衛
夫頭 佐左衛門
金山村 佐吉

小太郎
権兵衛
松野木村 惣十郎
神山村 三次郎
戸沢村 佐五右衛門
伊三郎
紋次郎
作右衛門
松野木村 権太郎
万四郎
四五兵衛
兼次郎
野里村 市太郎

伊助
慶太
飯詰村 金六
〆弐拾人
七番隊付
野里村 夫頭 茂七
福山村 次三郎
松三郎
原別村 友吉
伊助
由松
長馬
持（マヽ）沢村 周吉
高野村 藤三郎
辰之助
〆弐拾人
会計方付

万之
弥吉
福山村 竹松
永吉
専四郎
孫作
夫頭 和吉
吉三郎
次三郎
金次郎
紋之助
金作
佐市

大鰐組
八幡館村
喜蔵
夫頭 勘右衛門
唐牛村 久三郎
長峰村 弥兵衛
七右衛門
伴次郎
米吉
脇元村 氏家左門付 弥之助
大鰐村
忠吉
常盤組
小泊村 由蔵
中野目村 文次郎
苅《ママ》無村 七郎

長右衛門
脇元村 要助
小泊村 小七郎
薬師堂村 千松
吹上村 永作
嘉之
乳井村 福
竹松
宇三郎
長兵衛
寅吉
多助

三九郎
〆 弐拾五人

赤印
病院付
水野尻村 松三郎　米田村 専太
清助
〆三人
但四人之処浅井村佐吉壱人四月六日乗船相成
候〔ママ〕—
同印
飯詰村村役 勘兵衛　野里村村役 重次郎
同印
大砲方付
水野尻村 弥左衛門　前田目村 喜之
伝次郎　惣太
已之助　常盤組小泊村 儀三郎
唐牛子村 佐兵衛　与十吉
長峰村 善吉
〆九人
惣〆百拾九人
居残リ一番隊
藤五郎　徳左衛門

弥次郎　清次郎
弥次郎　長太郎
常吉　宇之
佐五左衛門　酉蔵
要次郎　重左衛門
吉太郎　長之助
〆拾四人
同　二番隊
夫頭 弥吉　兼吉
柾吉　長太
三蔵　茂八
太郎次　嘉之
彦策　嘉七
長兵衛　久三郎
六三郎　嘉三郎
〆拾四人
青隊御本営付
夫頭 辰五郎　要吉
弥助　佐左衛門
専次郎　常吉
次五兵衛　又兵衛
長次郎　藤次郎

惣左衛門　已之助
佐吉
〆　拾三人
大鰐組
御代官手代　成田安太郎
村役人　孫十郎
八番隊付
藤三郎　永太郎
幸七　重四郎
万助　勝
仁助　藤吉
専次郎　長吉
権三郎　甚五郎
岩吉　鶴松
〆　拾四人
糾武隊付
三次郎　千吉
小左衛門　円次郎
林蔵　佐吉
林助　竹
孫作　申松

多助　惣十郎
仁三郎　善太
申松
〆　拾五人
奇兵隊付
已之助　才次郎
権太　銀蔵
嘉七郎　嘉之
福助　佐五右衛門
万助　宇一
〆　拾人
器械方付
夫頭　永作　岩蔵
辰之助　喜八
佐之　宇作
已之助　直吉
小太郎　円七
善吉　申
万之　長之
九郎　吉之丞
万左衛門　長五郎
三右衛門　永吉

〆弐拾人
会計方付
甚四郎　専吉
宇三　辰五郎
六之丞　直右衛門
孫三郎　重吉
仁太郎　万之
長次郎　種蔵
六左衛門　寅次郎
留次郎　粂
忠吉
〆拾七人
大砲方付
久五郎　末吉
才次郎　松之助
専之助
〆五人
遊撃隊付
重右衛門　次五兵衛
留之助　茂助
長作　三次郎
九郎助　孫次郎

重右衛門　長四郎
定次郎　多左衛門
辰兵衛　藤十郎
喜之　多助
佐太郎　才吉
権之丞　丑之助
〆弐拾人
赤隊付
兵粮手配方取締御荷物掛リ郷夫扱兼
近江屋久蔵　近江屋善兵衛
住吉屋治兵衛　張江珠五郎
岩田金蔵代安三　中屋長次郎
住吉屋清司代儀兵衛
御荷物掛リ兵粮方并郷夫扱手配
佐藤屋喜兵衛代太吉　長内屋喜六
神明町豊吉　同町藤五郎
吉岡村治兵衛　宮之歌村又三郎
吉岡村小次郎　下及部村松右衛門

上野屋 又三郎　札前村 孫兵衛
越前屋 万蔵　吉田屋
万右衛門
代朝治
三春屋 房吉　吉岡村 六三郎
近江屋久蔵　京屋吉左衛門
家内 源三　代吉蔵

江差行
○上田忠右衛門　仙北屋仁左衛門
代六三郎　代伝吉
○原口村
善五郎　小砂子村 喜代吉
〆 四人

箱館行
住吉屋元兵衛　小塩屋半四郎
代六三郎　代半作
塩越屋庄兵衛　福島村
代太郎兵衛　甚五郎
白府村
徳兵衛

〆 五人
仲間
居残リ 久蔵　長吉
栄吉　幸吉
延吉　寅吉
寅之助　徳兵衛
藤次郎
〆 九人
薩　弐百六拾三人
備州　百四拾八人
松前　三百五拾人
備後福山　百四人
弘前　四百四人
徳山　百三人
長州　弐百人
筑後　百八人
水戸　弐百廿六人
〆 千九百六人
弐百六拾弐人　銃隊
弐拾七人　長官
拾壱人　大炮隊
七人　器械方

四人　会計方
〆　三百拾壱人
外ニ
四拾六人　嚮導
七人　青森
拾弐人　長官付従卒
五人　病者
〆
御届面
銃隊　五小隊
御達之通百人中隊之割ニ而
人夫三拾人ッヽ
此郷夫七拾五人
同大炮壱ッ
此郷夫三拾人
〆郷夫百五人
此内訳
町人　弐拾九人
仲間　九人
従者　拾六人
郷夫　五拾五人
〆

ウツラ行
石丸観吾
福島村　善五郎
白府村　清兵衛
仲間　栄吉
長吉
郷夫　五人
右四月十八日出立

先般天網を脱し候賊徒共函館
総督府を侵候ニ付、攘斥之ため進撃且防
禦等飽迄苦戦功労
叡感不斜辺陬之地寒天ニ趣風雪之
惨苦ニ可至哉と深く被為痛聖念候ニ
付格別之
思食を以テ聊為防寒毛布一着
宛賜之候事

十一月　　行政官

尚以御本文之
恩賜而已ならす上着之毛織物且足袋
等迄拝戴被
仰付候間、難有可奉遥拝候

辰　十二月三日

四月四日

一、明日兵隊乗組出兵之儀会議処ゟ
御達之処、夜五ッ時頃見合之義御達ニ
相成候ニ付、向々江御達

同　五日

一、明日乗組之義御達ニ付、乗組手配方
として軍艦江相越手配ニおよひ候事

六日

一、朝六ッ半壱、弐番隊并ニ八遊糾奇隊
大炮壱ッ青白御本営付御人数共乗船
四ッ時過出帆

青隊

御本営付　弐人
外ニ郷夫　弐拾人
三番隊上下　五拾弐人
外　郷夫　弐拾人

赤隊

御本営付上下四拾九人
外ニ郷夫　弐百八人
器械方郷夫　弐拾人
四番隊上下　五拾三人
外ニ郷夫　弐拾人
五番　同　五拾弐人
外ニ郷夫　弐拾人
六番　同　五拾壱人
外ニ郷夫　弐拾人
七番　同　五拾三人
外ニ郷夫　弐拾人

大炮方　拾壱人
外ニ郷夫　拾五人
教導　四拾九人
百姓　三拾三人
中間　拾壱人
諸隊残リ
郷夫　八拾四人
惣
〆　六百八拾三人

農風丸《ママ》
水先
京屋
吉蔵

甲鉄艦
水先
熊石村
治三郎
同村
松蔵

春日鑑
水先
清瀬佐兵衛

陽春鑑
水先
吉岡村
八兵衛

長陽艦

―　此ノ間余白　―

御手船太平丸積入

二月五日
一、白米　三百五拾表
　改枡四斗八合五勺
同　六日
一、同　弐拾弐俵
〃
一、叺米　拾壱俵
〃
一、味噌　三拾樽
江戸下リ
一、白米　三拾俵
一、棰　五百本
一、草鞋　七百足
一、莚　六拾束四枚

小早観音丸積入

二月五日
一、白米　百五拾俵
　改升四斗八合五勺
同　六日
一、味噌　廿　樽
〃　七日
一、草鞋　三百足
〃
一、苫　弐百枚
〃
一、莚　百　束
〃
一、同　拾弐束

—　此ノ間余白　—

御用船山形屋八十八積入

一、白米　　四百弐拾俵
　改升四合《ママ》入
一、莚　　百束
一、中間縄　　百五拾丸
一、野捶木　　百五拾九本

一、白米　　五拾俵
　改升四斗四合五勺

御用船吉岡村金策積入

一、白米　　百五拾俵
　枡四斗三合八勺七才五毛
一、莚　　七拾弐束
　　　　六枚
一、野捶木　　五拾本
一、中間縄　　百丸

御用船寅向町市松積入

一、米　　百五拾俵
　枡四斗三合八勺七才五毛
一、野捶木　　五拾本
一、莚　　八拾弐束七枚
一、中間縄　　五拾丸

五月三日　入津

御用船泊川町甚兵衛
　　船頭　久　吉
四月十日
一、白米　　六拾九俵
　改升四斗四合五勺
一、莚　　拾束
一、味噌　　五樽

五月三日　入津

御用船寅向町長太郎

四月九日

一、白米　　五拾俵　内壱俵粮米

改升四斗四合五勺

一、草鞋　拾箇

一、苫　弐拾枚

一、味噌　拾　樽

一、塩　五　俵

一、莚　拾束

五月三日　入津

御用船泊川町甚兵衛直乗

一、白米　　八拾俵

改升四斗四合五勺

一、味噌　　拾　樽

弐百足入

一、草鞋　　拾　袋

一、塩　　五　俵

御用船越前屋久右衛門

沖船頭　半左衛門乗

四月九日積入

一、白米　　六拾九俵

改升四斗四合五勺

〃

一、味噌　　拾　樽

〃

一、苫　　八拾壱枚

〃

一、草鞋　　三拾弐箇

〃

一、塩　　弐拾俵

〃　十日

一、白米　　百三拾壱俵

改升四斗四合五勺

五月三日入津

押切木田留太郎乗
一、白米　壱　俵
　改升四斗四合五勺
御用船吉岡村平太船
一、味噌　拾　樽
四月十日
御用船泊川町与三吉
沖船頭　福　蔵
一、白米　五拾俵
　改升四斗四合五勺
一、味噌　三拾五樽
一、塩　弐拾五俵
一、莚　弐拾束
―此ノ間二枚白紙―

覚
一、足袋　五拾五足
一、下夕着　拾五枚
一、梅干　三　樽
一、たばこ　拾　六
一、細引　拾　本
一、モツソウ《ママ》　拾　八
御紋付
一、御暮　壱　張
一、付木　五　こ
一、晒木綿　拾　反
一、同　八　反
〆壱箇
一、わら半紙　壱　〆
一、白干　壱　函
一、バン　壱　函
一、帳綴糸　三　わ
一、白紐　九　わ
一、紺同　拾　三
一、鉄　五　梃
一、大油紙　三拾枚

一、美ノ紙　廿枚
一、筆　九本
一、墨　拾丁
一、朱墨　拾丁
一、字消　五丁
一、小水引　三丸
一、大同　廿五丸
一、杉はし　壱袋
一、早付木　壱箱
一、奉書　弐丁
一、〆《ママ》　弐丁
一、晒木綿　壱疋
一、半紙　壱菰弐〆
一、ちり紙　壱菰三〆
一、拾匁掛　壱箇
　　ろうそく
一、騎馬蠟　壱箇
一、騎馬提灯　三ツ

内御使番弐ツ
　軍艦　一
　替袋　八
一、手丸　五ツ
一、御紋付弓張　弐ツ
一、替袋　弐ツ
一、叶弓張　弐ツ
一、小田原　三ツ
一、替袋　六ツ
　内三ツ二番隊渡
一、高張　三ツ
一、替袋　三ツ
一、半切　千枚
一、刺刀　三丁
一、同砥　壱丁
一、赤るい御簱
　御用三百之分
一、筆　丸対半
一、連尺　壱
一、叺　三ツ
一、七島　拾枚

一、鉄槌　弐　丁

此ノ間四枚白紙

一、金　三拾五両　駕早御手当
一、長棟拾六人払　金　三拾五両
一、同　拾四人払　金　三　拾　両
一、同　拾弐人払　金　弐拾五両
〆
一、切棟拾弐人払　金　弐　拾　両
一、同　拾人払　金　拾　五　両
一、同　八人払　金　拾　両
一、同　六人払　金　七　両
〆
一、金　七両弐分弐朱　本　馬

一、金　五両弐朱　軽　尻
一、金　四両壱朱　人　足
〆
一、金　五両壱分　夏路用
但四月ゟ八月迄
一、金　五両弐分弐朱　冬路用
但九月ゟ三月迄

覚

一、大中取合　三千六百梃
蠟燭
一、むしろ　千弐百束
一、苫　五百枚
一、棰　八百六拾本
一、わらし　千五百五拾足
一、中間縄　五百丸
一、薄　縁　弐拾枚
一、松　明　五百本
一、竹長持　五　棹
一、ミ　そ　十三貫目　拾樽
一、高　張　八　張

一、手丸　　九張
一、小田原　　拾五
〆
右之通正月十一日迄買入之分
十二月十一日書
十二月廿六日

一、表題　表記ノ通リ
一、原本体裁　半紙判白紙四ツ折ノ通帳型横帳ニシテ紙数表紙共八十葉ヨリ成ル
一、所蔵者　東京市小石川区水道端、種田基宏（旧名劢三）氏所蔵
種田氏ハ元上磯町居住ノ人ニシテ往年室蘭、古平等ノ場所請負人タリシ種田家ノ後嗣ナリ
昭和五年一月六日㊞

漁業経営関係書類

共年季之義も当辰年限ニ而今般継年季奉願
上候ニ付、何卒格別之以御憐愍継年季引継御請
負方之義者種田篤之丞江被仰付被成下置度、乍
恐此段以書付奉願上候、已上

東地モロラン御場所
西地フルヒラ御場所

慶応四辰年
二月廿四日

御請負人
岡田半兵衛
代　善太郎

右御場引継御請負方願人
種田徳之丞

松前名主
名主　半右衛門
荘　八

御奉行様

前書之通奉願上候間、奥印仕奉差候、已上

町年寄
蛯子　砥平
松前町年寄
桜庭又左衛門

乍恐以書附奉願上候

一、東地ヱトモ、ホロヘツ御場所是迄岡田半兵衛御請負
罷在候処、内実手配行届兼候儀有之、一昨寅年
九月中御当所付有川村種田徳之丞江引請方内熟
相整、御料東地モロラン、西地フルヒラ御場所御請負
方之義者同人江引継、名面等も切替仕度奉願
上候処、最早年季譏之儀ニ付年季中半兵衛方ニ而
相心得可申旨被仰付其砌ヱトモ、ホロベツ御場
所も同様奉願上候所、御公辺御沙汰之通相心
得可申旨被仰付其侭ニ相成居申候、随而奉願
上候も恐多奉存候得共、
御料御場所御請負年季之義も当辰年限ニ而今
般継年季之義も明巳年ゟ継年季引継御請負
方之義も種田徳之丞江被仰付被下置候様何卒
格別之以
御憐愍右願之通御聞届被下置度、乍恐此段
以書付奉願上候、已上
慶応四年
辰二月廿六日
東地ヱトモ ホロヘツ御場所
請負人
岡田半兵衛
代 善太郎
右御場所引継
御請負方願人
種田篤之丞

盛岡様箱館
御留主居所様

一、所蔵者　東京市小石川区水道端　種田基宏氏
一、無表紙四枚綴ノモノヲ全写ス
昭和五年三月二十六日

明廿三日明ケ六ツ時発足
一番隊　二番隊
八番隊　奇兵隊
大砲隊
同
昼四ツ時発足
五番隊　六番隊
七番隊　糾武隊
同廿四日明ケ六時発足
十二番隊
輜重隊

泊
廿三日
当別村　一番　二番
八番　奇兵
大砲
同
五番　六番
茂辺地　七番　糾武

廿四日
知　内　一番　二番
八番　奇兵
大砲
五番　六番
木古内　七番　糾武
廿五日
吉　岡　一番　二番
八番　奇兵
同
五番　六番
福島　七番　糾武

城下
廿四日
十二番
当　別　輜重
廿五日
知　内　同
廿六日
福　島　同
城下

右之通相達申候
五月廿二日　軍事方
一番隊
二番隊

五番隊
六番隊
七番隊
八番隊
糾武隊
奇兵隊
大砲隊
十二番隊
輜重隊
　隊長御中
尚々昼食之儀ハ泊リ村ニおゐて
丸飯用意之事

一、所蔵者　東京市小石川区水道端　種田基宏氏
一、無表紙半紙四枚綴ノモノヲ全写ス
　昭和五年四月一日

乍恐以書付奉願上候

松前大松前町家持半兵衛奉願上候、私是迄数年
来西蝦夷地フルヒラ、ヲタルナイ両御場所御請負被
仰付家業向相続仕候義者先代慶長之頃フルヒラ御
場所被仰付其後ヲタナナイ御場所者延享年中
被仰付其頃者両御場とも漁業等も相開不
申、漸々漁場と申もの運上家外拾ケ所位も有之候処、
先代之者差働キ追々漁場出稼所も相殖、出産物
等も出高ニ相成西蝦夷地ニおゐても繁昌之地と
相成以御蔭永年之間大勢之家族及召使之者
迄家業相続仕冥加至極難有仕合之御儀
ト一入丹精を尽し出精罷在候、然ル処前書両
御場所年々繁昌仕候ニ随ひ東蝦夷地之内ヱ
トモ、ホロヘツ両御場所者嘉永二丙年右両御場
所江為附属御請負被仰付同御場所之義者
元来難場所ニ而只今ニ至るも産物御不足之土地ニ付
度々御請負被仰付候者も兎角闕算勝ニ而
何れも損分相嵩之難渋仕り場所ニ而御請負
御免願上候者度々有之、然共前段奉申上候
西地フルヒラ、ヲタルナイ御場所年々毎々取開出産
物等も出高ニ相成候間、右潤益之内より仕埋いたし
候心得ニ而且為冥加数両場所も無異義御請
仕漁業手配等之義者（巧）功者のもの相廻し手配仕候
へ共、何分見込之漁事相貫不申御請以来年
々不少損分ニ相成如何とも難渋仕候得共、西地両場
所之余力を以相償ひ罷在候処、去丑年二月中
ヲタルナイ御場所御仕法替ニ而私御請負者御免
当惑之余リ当春御場所〃ニ御請負年限切替
年ニ付御当所へ出願仕、是迄御直場所ニ相成候
ヲタルナイ御場所へ元成御請負地ニ被仰付度旨願立仕
度奉存候得共、当今之御時節ニ相成願立候義も
難相成差控罷在候所、今般
御総督様御下向之為在候ニ付、御用多之御時節柄を
も不顧奉願上候も恐入奉存候へとも前段之仕合ニ而
私共不及申数多手廻召使之者ニ至迄必至ト
難渋罷在候間、可為相成御義ニ御座候ハヽ、前書
ヲタルナ井御場所先前之通私へ御請負被仰付
被下置度奉願上候、左候上ハ御場所漁場取間者勿
論御開拓筋者入念粉骨砕身仕御趣意之程
相守出精仕先代より之家業向再興相続仕度
奉存候間、何卒出格之以 御慈悲右願之通御
仁恵之御沙汰被仰付被下置度様乍恐此段以書
付奉願上候、已上

慶応四辰年
五月

松前大松前町
半兵衛 印
同 同町家持
親類
治左衛門
代善太郎 印
松前名主
儀右衛門 印

御裁判所

前書之通願上候間、奥印仕奉差上候、已上
松前町年寄
佐々木伝右衛門 印

一、東京市小石川区水道端　種田基宏氏所蔵
一、半紙五枚綴無表紙ノモノヲ全写ス
昭和五年三月廿七日

入四百壱貫三百廿八文
直段十八匁かい
ふのり　廿二本
目方三百七十一貫六

入六百九十六貫
九百五文
直段三百八十匁
昆布　弐百三丸
目方千七十八貫八

入四千〇九十八貫
八百七十文
直段弐〇四
煎海鼠弐拾四叺
正ミ斤二千九斤弐分
五厘

入五百六十八貫
五百七十五文
弐弐八
同三本
正ミ弐百四十九斤
三分七厘五毛

入五千八百九十六貫
三百六十五文
直段三百八十両
昆布　千四百丸
目方九千百二十七貫五百匁
此石弐百二十八石一斗
八升七合五勺（

〆壱万五千百九十七貫八百七十六文

外ニ
入　秋味

覚

一、金札九千両　会計局ゟ持参

内

金八千五百両　小銃五百挺之代金

金百八拾九両三分弐朱　前利足別紙之通リ相払

二口

〆　金八千六百八拾九両三分弐朱

右アカ一ゟ相払為替証書請取

差引残リ

右之通リ奉差上候、已上

巳十一月廿七日種田金十郎

下国東七郎様

覚

一、金四千三百両　是ハ別紙差引残リ之分預リ

一、金七百五拾両　是ハ下国様并ニ拙者東京行ニ付諸入用当正金請取

一、金弐拾弐両　是ハ下国様八十両御持参并ニ此度廿両都合百両請取之内讃岐屋江御茶代其外手代、下女江被下分七十八両相払候ニ付引去リ如高請取

〆　金五千七拾弐両

右之通慥ニ請取申候、以上

未五月晦日　種田金十郎印

上原藤十郎殿

辛未七月廿五日三字蘭国番江相
越候節、左之通リ別紙ニ而申
入候廉々　大井　卜部
元武州藩ノ送師通弁　橋本　琢譪（ママ）
相頼　種田金十郎
上原藤十郎
桜井　仲温

昨年中拾万トル借用当四月
中返済元利差引残九万四千
トル之内弐万四千トル七月晦日
限返済約定七万トル九月中
返済之約定、然ル処前願候
弐万四千トルハ今般知事被廃
諸方金策者勿論梁川収納
取立方難行届、依之政府ゟ
福江両海関所税金拾万両程
可有之筈之処、全く御下ケ無之、
就而者不残九月中返済可
仕候間、此度之弐万四千トルも
其節迄御猶予願上候事、
右書面之趣を以掛合候処、元来
商法ニ付用立たる昨年之荷物
無之哉又者当方商会所如何致し
候哉被相尋候ニ付、商会所者御蔭而
取開居候段相答候処、
新荷物者如何未参リ不申
哉未参リ不申、登リ次第
売払右者入金可致候、
尤当月中末日間も有之
候得者宜工夫も有之候ハヽ、
可申出旨被申聞ニ付、其侭ニ
引渡申候

七月晦日　橋本　琢譪（ママ）
乗
上原藤十郎
桜井　仲温

今日迄種々金策仕候得共、
何分行届兼、随而是非ニ〳〵
延金願上候様被申聞候処、
延金者成かたく、乍去無拠候
間、荷物登次第迄延金いたし
へく、付而者証書遣可申様
申聞ニ付、左之通リ差遣候事

証　書

去ル廿四日御頼談申上候通リ当月
中返済可仕候、弐万四千ドル之外利足
とも今晦日迄ニ入金可仕候処、
金策行届兼候間、近日産
物積登候迄御延金被成下度
此段御願申上候、以上

辛未　　　　館県
七月晦日　　上原藤十郎印
　　　　　　種田金十郎印

蘭国番
　ピストール侯様

猶以過日東京表出立前
国元ゟ之報知有之最早
産物積出候段申来候間、
着次第売払無相違御入
金可仕候、以上

八月二日今日蘭国番参呉候様
申越ニ付罷出候処、先日御談
申候通リ産物登リ者勿
論下国様江申談弐万五千弐百
トル丈是非ニて入金いたし呉候
様呉々申聞有之候事

渡嶋国津軽郡松前
第四区馬形一本橋通リ
　　　　　地主
屋敷一ヶ処　　種田金十郎
東方三拾間　　一本橋通リ
西方三拾間
南方三間三尺
北方三間三尺

館藩

□

右検地無相違もの也

明治四辛未年

一、塩四九入千八百拾三俵也
五二入此度千七百八拾四俵
代四拾四貫弐百十三匁弐分
　但廿四匁八分かへ

外ニ　壱匁五分ツ
一、百三拾三匁　切本直俵
　五分　百九俵
一、五百六十七匁　三分ツ
　立縄
　九分　十文字
〆　四拾四貫九百七拾四匁
　五分
六金かへ
　此金七百四拾九両弐分一朱
　　永壱匁四分一りん
右之通代銀請取此表出入
無下済申候、以上
　大泉
　　利喜蔵

越中石田新村
　仁右衛門
船宿
　越熊屋
　　加七
一、三百石積
此下り荷物塩弐百石
　此俵数六百俵
　莚百五拾石
　下り運賃百石五拾両ツ
　登り運賃百石八拾五両
右者敦賀江船寄せ莚買入
積登リニ付、敷金者延代
之内ニ而いたし候積リ
　越中吉久新町
　　松田屋三郎右衛門船
一、三百石積　名代同伏木
　藤井三右衛門
沖船頭　又九郎
船宿
越熊屋

加　七

此下リ荷物塩四百石
此俵千弐百九拾俵
目形十弐貫九百目平均
下リ運賃同断
登リ運賃同断
敷金百両請取

未四月　徳吉丸
沖船頭
平治郎

一、四百五拾石　問屋
渋谷重太郎
登リ運賃百石八拾五両
敷金四百五拾両請取
司丸
直乗船頭
権右衛門

一、五百石積　問屋
越野屋嘉七
登リ運賃前同断
敷　百石百両之内
弐百五拾両当方ニ而
弐百五拾両ハ口指表ニ而
請取分積リ

能州安部谷浦
小酒屋半右衛門船
沖船頭
治三郎

一、八百石積リ　船問屋
油屋　吉治
登リ運賃八拾五両
敷金百石百両ツ之定
金四百両当方ニ而請取
金四百両ハ口指ニ而相渡
積リ之約定

外ニ五拾積登リ積
此内江廿五両敷金
廿五両口指ニ而相渡積リ
州金石
三津屋喜助
沖船頭
与左衛門

一、五百石積
船問屋
越野屋嘉七
登リ運賃前同断
敷金弐百五拾両当方ニ而請取
弐百五拾両ハ口指ニ而請取之
積リ
積下リ荷物莚七百束
但百石三百五拾束ヲ以

一、運賃五十両
直段壱束永三十匁かへ

代金弐百拾両
外ニ
金五両上荷賃
〆 弐百拾五両

一、伊予縞百九拾弐反　三箇
但六十四反入

一、長崎玉□　拾五箱　但百玉入

一、七百石積

一、七百石積
御蔵元
浩谷庄三市
手船
威徳丸
沖船頭
与之助

蘭国番差引覚

一、洋銀拾万トル　正金借用之
分

一、同　弐万七千トル　午五月朔日ゟ
未五月十五日
迄拾三ケ月
半分利足
拾万トル
一、同　弐千五百トル　弐分五厘口銭
〆拾弐万九千五百トル
内
洋銀壱万トル　未四月十五日横浜
蘭国番江相渡
同　四千百六拾　同四月十五日生
糸代為替金
三枚五分三厘之分相渡
同　壱万五千トル　同四月廿五日正
札ニ而相渡
同　四千八百七拾　同四月晦日正
八トル五厘　札ニ而相渡

同　六百トル　壱万トル之戻
利足二月十五日
ゟ五月十五日迄
三ケ月分
同　三百八拾三トル　壱万五千トル并ニ
弐分七厘　四千百六拾三トル
五厘三厘共
四月十五日ゟ五月
十五日迄壱ケ月
分戻利足
同　四拾八トル　四千八百七拾八トル
七分八厘　五厘四月晦日ゟ
五月十五日迄半
ケ月分戻利足
〆三万五千〇七拾三トル六分七厘
差引
九万四千四百弐拾六トル
三分三厘

内

四百弐拾六トル　五月廿五日
　三分七厘　相渡

弐万四千トル　七月晦日相
渡候積リニ而
証文差入

此利足　五月十五日ゟ七月
　千弐百トル　晦日迄ノ分

七万トル　九月晦日相渡
候積リニ而
証文差入

此利足　五月十五日ゟ
　六千三百トル　九月晦日迄分

メ　如高

未五月十五日　改

奥　書

所蔵者　東京市小石川区水道端
住所氏名　種田　基宏
体　裁　用紙縦三寸五分、横四寸ノ十一行ノ青罫紙
十九枚横綴初三枚ハ無記事、白紙ノ表紙付
本　書　ハ右ノ全写セルモノナリ

昭和五年一月六日㊞

乍恐以書附奉願上候

一、今般御開拓御趣意ニ付、御管内縨(幌)泉郡村並被仰出追々永住人入込盛大之趣奉承知、随而御見聞被為在候通私儀西地古平郡、東地モロラン、ホロベツ請負仕、家業渡世罷在候処、先般厚キ御趣意柄も被為在候ニ付、請負御廃ニ相成リ其後猶古平郡御本陣守被仰付在来所持之手漁場而已ニ而細々渡世罷在候得共、従来召遣手廻リ之者共多人数有之、素ゟ漁業渡世之者而已ニ而外業躰も弁無御座、数年来召遣候者共今日ニ至リ打捨候義理合も無之、精々尽力仕、猶古平郡漁場願受夫々永住為致候者も有之候得共、多人数之儀ニ御座候得者最早同郡も願受之漁場も無御座家内相続方必止難渋之趣被申出何卒産業之道為相立致夫而已已歎息罷在候、就而ハ恐多奉存候得共、別紙名目之者共　御管内縨(幌)泉郡江永住被　仰付被下置度、左候ハヽ、昆布浜等拝借奉願上御陰ヲ以数十人之者難有家業安堵永続可仕、勿論　御上様御趣意柄之義者厚く被相心得一際丹誠可為仕候間、格別之以　御仁恵右願之通被　仰付被下置候様、乍恐私一同此段奉願上候、以上

明治四年
未十二月十八日

種田徳之丞代
悴　種田和三郎

浦川郡
御役所

一、所蔵者　東京市小石川区水道端　種田基宏氏
一、半紙二枚仮綴ノモノヲ全写ス（無表紙）
昭和五年三月二十日

今般当市中区画御取極相成候ニ付、
大年寄、中年寄、丁代向後被廃止候事
但丁代者町内取扱之ため町内手限
ヲ以差置候事勝手次第可為事

一、当市中三区ニ分ケ惣長、戸長長《ママ》、副戸長左
之通被定候事

第一区　戸長　伊藤　重兵衛
副戸長　中村兵左衛門
矢本　直十郎

山背泊町　台町
駒止町　鍛冶町
浜町　山ノ上町
片町　弁天代地
三町代地　代地竪通
下新町　上新町
神明横町　新天神町
茶屋町　坂町
常盤町　梅ケ枝町
天神町　芝居町
花谷町　寺町
大町上通　会所町
下大工町　上大工町
尻澤辺町

第二区所轄
第二区戸長　松代　伊兵衛
副戸長　平田新左衛門
新田孫左衛門

弁天町　西浜町
鮨澗町　鰭横町
仲町　神明町
大黒町　大町
中濱町　喜楽町
七軒町　内澗町
東濱町

右第二区所轄

第三区戸長　白鳥　衡平
副戸長　小島　又治郎

木下忠左衛門

地蔵町　恵比須町
西川町　古筑島町
豊川町　上磯前通
龍神町　鶴岡町
一本木町　東側町
蓬莱町　亀若町
大森町

右第三区所轄

右之通区画御定相成候ニ付、五人組之義者従前之通御布告等ニ不相背様倶ニ吟味致し、仮令親類たり共他所之もの止宿之節並ニ主人或者家内之者他国致し候節者組合頭江相届、戸長江申出火盗防キ之義者直ニ心付、病気其外之災厄を救ひ合都而睦敷相交可申事

右之通区々小前末々迄不洩様可被触もの也

壬申
二月　農政
御役所

前書之通被仰出ニ付、此段相触候、已上
町会所

右之通被仰出候間、無洩可相触候、已上
地蔵町
町代

一、所蔵者　東京市小石川区水道端　種田基宏氏
一、無表紙半紙四枚ノモノヲ全写ス
昭和五年三月廿五日

異国商船カンカイ号神奈川湊より当月四日入港、同所組合ゟ内状を以坂地御勝利ならさる儀並ニ去月十二日上様還御被為遊候段大略心得として申越誠ニ以奉恐入候、右内告を承リ即時ゟ官兵者勿論三家御同《ママ》家江相達場所支配夫々人数出昼夜御警衛筋配慮罷在候処、一昨日当地詰酒井左衛門尉留守居方江急状至来之由ニ而、猶不容易御模様粗承知仕候義も有之且外国人江者既朝廷と条約取結相成候段公使ニ者達し有之哉ニも承リ込旁合考仕未タ何等之御達も無之候得共、左之通リ決定仕居候、

一、賊船襲来無名ニ砲撃及候か或者在住之外藩等突然暴発仕候ハヽ、無二血戦仕候積ニ御座候、朝命を以軍艦至来ニ而穏ニ当島可差上段申上候節者眼前欺罔之者ニ候とも先及面会朝令之上者可引渡筋ニ者可有之候得共
御当家之命を奉し当地鎮台罷在候義ニ付、早使を以江戸表江相伺差図を得候上ニ無之候而者職掌ニ対し難相済ニ付、右往復之間猶予可致段、篤と談判ニ及先方承知仕候ハヽ、格別左も無之暴ニ差逼リ如何様道理を以説候而も不聞入節者快戦死を逐候心得ニ御座候、

此大事ニ臨み候而者多人数之支配向人心一致之処、何共無覚束候間、前文之二ケ条此度一統江説諭仕、右之外銘々忠義之道ニ付、別ニ見込も有之候ハヽ、其次第より可承届心得ニ御座候、右者道中筋掛念ニ付定役元〆
坪内幾之進外同心組頭壱人差添此段申上候。前文
朝命を以軍艦至来候ハヽ、応接之上相伺候心得ニ者候へ共、御下知前者前文之外覚證も無之かならす差逼リ候義と奉存候間、心得方前以奉伺候、聢と御下知被成下
坪内幾之進江御下知奉願候、乍去仮令
朝命ニ候とも引渡間敷との御下知ニ候ハヽ、精力を尽し防戦者勿論ニ候得共、四方敵国ニ而援兵も無之義ニ付、当島維持迚も出来間舗、唯一死を以御厚恩ニ報候迄ニ御座候、且当地者平穏ニ者候共、此上江戸表之形勢ニより候而者仮令御下知前ニ候得共、大体ニ寄リ去就を決し御膝元江張付ケ候義可有之候間、此段申上候、
已上

二月十三日

杉浦兵庫頭　血判

御建白書並御演達之趣一同篤と熟考仕候処、
聊異存無御座候、始終鎮台之御差図ニ随ひ
尽力仕可奉報御国恩其外他念無御座候、
此段御請奉申上候、　已上

調役
酒井弥左衛門　血判

杉浦兵庫頭殿

平山金十郎　血判
柴田弁一郎
定役元〆
稲川市右衛門
（吉村弥太郎
石賀七右衛門
調役
藤田　主馬
中川
荒木多喜四郎
戸田　左近
以上在住
清水　啓作
松岡徳次郎
海老原庫四郎
古橋　次郎

一、所蔵者　東京市小石川区水道端　種田基宏氏
一、半紙四枚綴、無表紙ノモノヲ全謄写ス
昭和五年三月二十六日

一、所蔵者　東京市小石川区水道端　種田基宏氏
一、半紙四ツ折通帳式ニ綴チ込シタルモノヲ全写ス
昭和五年四月一日

明治二年　己巳月

御金銭帳入

二袋入

乍恐以書付奉申上候

私儀、有川村種田徳之丞出店支配仕、後志国古平郡之内江漁業出稼渡世罷有候所、此度漁場江雇人之者数人入用ニ付、願乗者前東川町中村喜八と申者出稼人請負渡世之者ニ御座候故伺人口入ヲ以雇之者七人別紙名前之者共相雇、給料之義ハ別紙證書之通相定、支度金として七人之者江前金七拾壱両貸、去ル二月廿四日出立積之処、出立期限ニ至リ喜八並雇之者参リ不申ニ付、仰之者遣候処、雇之内四人逃去候哉行衛相知不申尋候ため、昨夜八ツ時他行いたし未タ帰リ不申由、女房申事ニ而夫ゟ毎日相尋候へ共、帰リ不申、何を申も女之事故談合向行届兼当惑仕候間、親類之内成共用弁ニ至リ候者差出候様申談候処、昨年来当処百姓入ニ相成此元未タ親類も無之趣申事故何共迷惑なからけふニ申談候所、今度雇人之内清蔵、平六と申者其家ニ居候間、幸と存彼江及掛合候而も喜八行衛ハ勿論何之ため帰リ不申哉心得不申由ニ付而者致方無之此両人之者雇人之内之者ニも候間、様々申諭居合候人計も立遣度申談候得共、我侭不当之事而已申候故、迚も示談ニ相成

不申、追而漁業時も近く相成何共迷惑之余無拠
前書之次第町用掛　　江申出理解之義頼談ニ
及候処、早速聞済ニ相成、同町組頭　江被申付
喜八女房並清蔵江理解被致候処、段々喜八ゟ世話ニも
相成居候事ニも候へ者、両人ニ而喜八借用之分七拾壱
両相済候迄場所表江行働可申事ニ相成候間、直ニ出立
可申旨談候処、働候節着用衣類質物ニ置受戻しニ者
七両弐分無之而者被立不申旨清蔵申候間、其分貸
呉候様申候得共、請人親分江大金貸渡置、今又
七両弐分ハ扨置壱金も用立兼候趣及挨拶組頭江も其
段申聞候処、尤之趣ニ而尚又喜八女雇江大金借上之
上ニ多少借用者不相成ものニ候間、此上者家具売代候而も
支度金拵出立遣可申と申添相成、家財有合相調
候処、壱両三歩計之外者無之よし、付而者外致方も有之
間敷左候ハヽ、清蔵、平吉申諭、是迄喜八之世話ニ
相成居候故其段不背いたし何分厚く勘弁いたし、入
用之処ハ有合家財代ヲ以兎ニ角間ニ合出立呉候
相頼候ゟ外有間敷被申添候処、両人迚も夫ニ而者
被立不申由申出ニ付、組頭も深く心配呉候故不筋ニハ
候へ共、段々延日ニも相成候へハ場所表如何計不都合
之程も可在之相考、店前《ママ》ニも不抱私限金子五
両貸　渡可申、是ニ而一日も早く出立候様諭方相談し

其趣被申渡候所、五両ニ而者迚も被立不申六両貸呉
候様申趣ニ候得共、其余ハ貸兼候と申候へハ、左候ハヽ、
参り兼申候、実者親分ゟ弐両弐分ならてハ借用
不申、其分身売外江いたし候而差出場所江者参兼候
抔勝手次第成言申ならへ対談出来兼、然ら者
平吉計も為出立度由ニ而喜八女房も能々頼合家具
売代ヲ以支度問ニ合、貴様計も出立行呉候様申聞
候処、承知いたし一両日出立猶予候様申趣故本人平吉を
相招、弥々一両日中出立候哉承り候処、一両日と
限候事ニ無之、訳は再度此許江帰り候節居所ニ迷惑
候間、何時帰り候而も居所取拵置安心いたし出立度
其安心ニ不相成内者何日と申見詰無之抔取留無
之申口ニ有之、其上ニ実者親分喜八ハ股引壱足借用ニ
候へハ左様之六ケ敷事ニ候ハヽ、其品相返し場所へは
参り兼候趣、勝手次第成事計申居候間、其訳
喜八女房江申向候処、何共申訳無之両人之者共
之我侭致方も無之当ニも相成不申可被存候へ共、若
者壱人願候間、此者計も被遣度申候間召連れ参
り候故其者弥々場所行可申哉相尋候処、五月者
急度戻し候ハヽ、行可申と申候へとも、漁業仕舞の上雇
之者皆一所ニ返し可申趣申聞候処、夫ニ而も雇ニ参り兼候
由ニ而是も熟談相成不申候、随而是迄彼等之所行

段々考候所、喜八初此者共初ゟ工らみ金子借用之ため如此欺き候やと奉存候間、誠ニ以重畳の御手数懸上候儀奉恐入候得共、　御威光ヲ以右之者共御吟味被成下度奉願上候、乍恐此段以書付奉申上候、以上

地蔵町
有川村
種田徳之丞
出店手代
上林治兵衛
町用掛

農政
御役所

一、所蔵者　東京市小石川区水道端　種田基宏氏
一、無表紙半紙六枚綴ノモノヲ全写ス
　　昭和五年三月二十六日

申渡書

申渡

一、御公儀ゟ被仰出候御法度之儀者堅く相守可申事

一、其方共此度御陣屋仲間勤被仰付候訳者不容易御趣意之次第ニ寄今般差越候一同精勤を尽し相働可申事

一、御人数を始仲間共ニ至迄御陣屋ハ勿論近村等ニおゐて酒宴之義者前々ゟ御停止被仰出候間、堅く相守可申事

一、御役人を始士中御徒士、足軽共至迄麁忽之義無之様可致事

一、御奉公向之義者朝暮心用ひ喧嘩口論者勿論、都而我雑がましく儀無之、日々頭立候ものゟ差図を請、雑話自侭いたし方無之様心懸可申事

一、御用ニ而戸切地村並近村等江相働候節者酒店其外百姓家江立寄如何之所業無之様心懸夕七ツ半時を限リ帰陣可致事

右之条々申渡候間、急度相守可申候、

以上

巳八月

一、所蔵者　東京市小石川区水道端　種田基宏氏
一、半紙四枚綴ノモノヲ全写ス
　　昭和五年三月二十五日

三月二日至来御用状並被仰出書写

昨夜九ツ時過在京安芸方ゟ本四日限リ御用状相達京都表ゟ被仰出候御書付類差越し猶今般松前地並箱館蝦夷地江鎮撫使被差遣候由、尤勅使清水谷様、高野様外御一方御下向被成候ニ付、右御警衛として薩州、長州、土州三家之御人数御付添申上候由申越候、則安芸ゟ来書差下候、尤委細鈴木織太郎江申含差下し候間、御呼出御聞取可被成候、

　　二月十七日　　　　　伊予
　　　　　　　　　　　　右近
　　　当方連名殿

今般
朝政御一新ニ付諸国へ鎮撫使御下向有之、箱館江者清水谷様、高野様御両人江薩長土三家人数六百人程御付添当月廿八日頃京師御発向大坂表ゟ大軍艦ニ而御下向之趣、

昨日高野様へ島田罷出御目通之上御模様相伺候処、右者御評議相済候旨、尤高野様御統合之御方様之御忌服ニ而当節御引込十六日御服明御出勤ニ付、殊ニ寄被蒙仰候義ニも可有之哉国々江鎮撫使御下しニ付、松前地之義も東西蝦夷地まて御巡視として御下向之旨被仰聞候旨興罷帰申出ニ付而ハ最前長崎表江鎮撫使御発向之処、鎮台河津氏荷物道具等取仕舞船ニ而逃奔いたし候由取沙汰承リ候間、箱館官吏方も右様義ニ候節者同所之義ハ此方様ゟ朝廷江被遊御願御預リ御警衛被成候而可然、尤諸家様御加勢先前より御座候事故、何様相成候而も御警衛御勤之義御出来も可相成、右ニ付而も戸切地御陣家江者此上増御人数被仰付早々御差置相成候様仕度、右等之趣其御地ゟ急早を以早々御在所表江被仰遣度趣興申達候、右ニ付篤と勘弁いたし候処、見越ニ者候得共、西地之内ニハ会津、庄内御領分も有之御固メ人数も御座候ニ付、鎮撫使御下向之上

暴成所業抔有之候而者不容易次第ニ候間、清霄院様御惣容様ニも先梁川迄御下向之方可然奉存候、

不取留義ニ者候へとも今度鎮撫使御下向ニ付、山師とも多く蝦夷地内願之者も有之由承リ込甚心配致し候、兼而御

志願向
先入為主成丈ハ御安堵被成候様仕度候、東西不残と申訳
ニも被為成兼候ハヽ、責テ西地計も御復し被為成候様仕
度、周施方専御手入之義内談之上島田、遠藤取扱居候、
尤
御混雑之御時節ニ付、急速御成就と申義ニも相成間敷
候へとも、御在所表江州出店のもの共本店主人主人より
副総裁三条様へ山師共願之筋押願御含ニ差出置候
処、至極御取受も宜趣、今日干隠居新助ゟ内々申出候間、
御含迄申上置候、

二月十二日　　安芸

伊予様

島田興ゟ鈴木織太郎へ差越候内状之内

一、昨十日高野若殿様へ罷出候処、北蝦夷地等之絵図御
差出ニ而様子柄御尋ニ付、如何之御模様ニ御座候哉相
伺候処、
此度清水谷宰相中将殿家来ゟ其筋へ申達候由ニ而、
北地御開拓之御目論見之由御咄ニ付、冬分穴居いた
し七月中ニ而も焚火いたし温リ候由、七月明ケ候得者
間もなく雪降リ候趣申上候処、
大ニ思召し相違之趣被　仰聞候儀ニ付、是非とも鎮
撫使御差下相成、東西蝦夷地までも御巡見被成候由、
品により候へ者清水谷者勿論拙者も被　仰付候御模
様之よし御内ニ被　仰聞候間、左様御承知御国表江
御下リ之上者右等御含被仰上可被下候

一、昨夜江州より福島屋新右衛門罷登リ候由ニ而参リ申
聞候ニ者今般薩長土蒸気船三艘人数弐百人ツヽ乗組
箱館表江罷下リ候由、尤高野若殿様、清水谷様ニも
鎮撫
使被仰付右船へ乗組御下之由噂有之、乍去御金文ニ
而何レよりか御借入無之而者不相成候由ニ付、松前之御
為自分之為筋ニも
相成候ニ付、四千五百両弥相違も無之候へハ才角い
たし差出可申内存之由相咄申候、尤来廿八日頃出帆

ニも可相成との事ニ候、右様三藩罷下リ候ハヽ、早速箱館表者御取上相成可申、誠以油断不相成候間、右等之義早々御在所表江被仰遣候様御申上可被下候

一、於当地ハ何れニも如前ニ御旧復御願之積リ周施仕リ候段、安芸殿江も御相談申上居候事ニ御座候、何れ御願面等江戸表江御差下ニ可相成ト奉存候

二月九日　松尾伯耆を以御渡　写

御親征
行幸可為当月下旬被仰出候事
　追路日限更御沙汰之事

　二月九日松尾但馬、吉田遠江を以御渡先頃御制度御改正ニ付、諸藩宮門警衛被仰付置候、銘々旗幕並提灯等ニ至まて菊御紋相用候様且追討被仰付候諸藩以来一隊ニ一流ツヽ菊御紋御旗被下候間、家々ニ而可相調旨御沙汰相成候得共、右御沙汰御取消ニ相成以来追対被仰付候、出兵之向ヘハ朝廷ゟ御旗御渡相成候間、更被仰出候事

一、所蔵者　東京市小石川区水道端　種田基宏氏
一、無表紙半紙三枚仮綴ノモノヲ全写ス

昭和五年三月二十日

明治二巳年五月

内渡帳

柴

五月廿一日

一、金　拾六両弐歩

郷夫扱手代
久保田久太郎

右者ヤンシー船ニ而青森表江指返し郷夫六十六人へ壱人ニ付、

金壱歩宛拝借被仰付候ニ付相渡

〃

一、金　壱歩

石橋俊二郎

右者御城下表ヨリ臨休御用ニ付、函府迄相越候節内借願出相渡

五月廿五日

一、金　三両

十二番輜重方
伊藤連三

右者御城下へ帰陣之砌為用之金相渡

五月廿四日

一、金　百四拾五両弐分

右者函府警衛三、四番両隊へ御手当被下候付、両隊会計方へ相渡

但兵員両隊ニテ九十七、右壱名ニ付金壱両弐分宛

一、所蔵者　東京市小石川区水道端　種田基宏氏
一、原本ハ半紙四枚ヲ四ツ折ニシテ大福帳式ニ綴ヂ込ミ三頁ヨリ記載シアラズ右ノ中ヨリ所要事項ヲ摘録ス
昭和五年三月二十九日
（明治弐年御金銭帳入己五月ノ袋ノ中ニアリ）

明治二年巳十二月
モロラン
ヱトモ　仕込品並出産物控帳
ホロヘツ
出店

覚
一、弐千七百五十六貫八百拾文　直段三貫　津軽米　百四十五俵　升三九入
一、六百九拾壱貫弐百文　直段壱貫　竹わら塩　百六拾俵
一、百七拾八貫五百文　みそ拾五樽
一、三拾貫〇六百文　醬油弐斗入　三樽
一、弐貫九百文　酢五升　壱樽
一、三貫百文　よふじ　百把

一、百拾七貫　　三百文　　大判綿
六貫匁
一、弐拾六貫　　六百文　　番茶
六貫匁
一、百拾弐貫　　五百文　　紺かんな
五十こ
一、四拾三貫　　五百六拾文　　色伝甫
六丸
一、百廿壱貫　　百弐拾文　　白同
拾八丸
一、五拾貫弐百　　弐拾文　　紺同
六丸
一、三拾壱貫　　六百文　　梅　生姜
弐斗入弐樽
一、八貫九百　　六拾四文　　同壱斗入
壱樽
一、拾八貫　　わらんじ
三箇
一、七拾六貫　　三百弐文　　白さとふ
正ミ拾貫匁
一、八拾壱貫　　直段六〇
黒さとふ
廿一貫六百匁
一、八拾貫九百　　弐拾文　　大坂酒
三挺
一、弐拾三貫　　四百六拾文　　上白半紙
弐〆
一、八貫文　　鼠し半切
弐〆

一、弐百廿七貫
　　弐百五十文　　掠三拾反

一、弐百七拾壱貫
　　五百弐拾文　　濃両面
　　　　　　　　　三十二反

一、弐百七拾八貫
　　七百文　　色弁慶
　　　　　　　三十反

一、百三拾三貫
　　六百五拾文　　上半紙
　　　　　　　　　九〆入壱箇

一、弐百三拾八貫
　　四百文　　生白
　　　　　　　四拾反

一、百五十五貫文　　河内白
　　　　　　　　　　弐拾反

一、四拾貫文　　正喜せん
　　　　　　　　拾斥

一、七拾壱貫
　　五百六十文　　紺足袋
　　　　　　　　　取合五十足

一、三拾貫文　　永代わり
　　　　　　　　百五十本

一、壱貫六百
　　五拾文　　帖筆
　　　　　　　拾本

一、三貫四百
　　五十文　　(大)黒石
　　　　　　　五丁

一、弐貫百廿五文　　㊇黒石
　　　　　　　　　　二十五丁

一、壱貫弐百文　　らう竹
　　　　　　　　　二百本

一、三貫　　元結五連

一、五拾壱貫弐百文　　耳あて
　　　　　　　　　　　百

一、弐貫弐百　弐拾文　革針　六こ
一、三貫七百文　大くけ針　十こ
一、九貫七百　五拾文　中くけ針　三十こ
一、壱貫九百　五拾文　たゝみさし針　拾本
一、弐拾七貫文　鋸五枚
一、五百廿八貫　六百六拾文　みこ網廿二ケ　此筒六百六十筒
一、三拾六貫文　みこ縄　六百わ入弐箇
一、弐百四貫文　越後酒　弐十樽
一、弐千百三拾　六貫三百文　越後鮭網　坪田江払分
一、弐百七十九貫文　津軽むしろ　九十三連
一、六拾五貫　四百五十四文　蝋そく　六貫目入壱箱
一、弐拾三貫　四百文　皆朱膳椀　五人前
一、拾七貫文　惣黒膳椀　六人前
一、弐拾壱貫文　津軽むしろ　七連
一、七拾貫四百文　越後酒　酒八樽

一、千弐百六拾壱文　　直段五十弐匁
庄内米
四拾俵
升四斗八升五合入

一、百九拾五貫
四百文　　直段弐貫
□功志ほ
九拾俵

一、千拾六貫
四百七拾貫（文）　　竹わら弐百俵
八分五厘かい

一、弐百五拾五貫文　　台盃九十
外十

一、弐百卅八貫文　　片箸十

一、弐拾壱貫
百弐十五文　　弁当
拾人前

一、百弐貫文　　耳盥十

一、拾四貫四百文　　柄提　弐拾四

一、百三拾六貫文　　小田原鉢
十

一、弐千六百拾貫
五百五拾文　　直段六十〇
津軽米九十四俵
升三斗七升壱合

一、百八拾貫
三百七十五文　　直段六十〇
有川米叺入
六俵半

一、弐百五拾九貫
弐百文　　大山酒
拾六樽

一、六拾七貫
六百九拾文　　越後酒
四樽

一、弐拾五貫五百文　　醤油弐斗入
弐樽

一、九拾六貫入
ホロキ
百五丁入弐箱

一、千百〇八貫
三百拾五文
広東米　六十俵
〆方六百十三〆方
此斤三千八百三十五斤
直段四両一分

一、六百壱貫
六百文
竹わら塩
九拾四俵
直段六分七厘五

一、千弐拾貫文
直段三十四匁
越後酒
五十樽

一、弐千八百卅五貫
四百五十一文
広東米百六拾俵
目方千五百六十九貫八
此斤九千八百十一斤二分五厘
直段俵四両壱分

一、千四百七拾貫
七百五十文
直段七十四匁
秋田米五十三俵
升三斗入

一、八拾五貫文
越後酒　十樽

一、三拾八貫
七百五拾文
三一
ホロキ
百廿五入壱箇

一、弐貫弐百文
蕨の花四斤

一、壱貫百五十文
引切釘五枚

一、六百三拾文
小刄釘三枚

一、三貫三百文
杣糸拾五わ

一、壱貫文
二階草リ

一、弐貫五百五十文
畳糸百匁

一、三貫四百文
花橘　壱斤

一、二貫二百文　正喜撰壱斤
一、四拾二貫五百文　河内白　拾　反
一、五拾五貫文　合羽紺拾反
一、八拾五貫文　濃両面二十反
一、五貫百文　正喜撰弐斤
一、七貫弐百五拾文　三六朱五袋
一、壱貫四百四拾文　中刃鉔三枚
一、拾壱貫九百文　真岡縞夏袴　壱具
一、六貫三百七十五文　小倉同　壱具
一、弐拾弐貫文　中ろう　弐貫匁

一、壱貫四百五拾文　小鯛はりあて　百文
一、弐貫三百文　種物代
一、六百文　明箱弐
一、六拾六貫文　大山酒拾壱樽
一、四百八拾文　蓙　壱枚
一、三百文　なわ　三わ
一、六百文　古むしろ三枚
一、五百七拾貫
　　五百文　直段三十五匁
越後米三十俵
升四斗四升〆
一、八拾九貫百六十二文　生白弐拾反
一、七拾三貫四百廿四文　濃両面拾弐反

一、百七拾二貫八百文　越後酒拾六樽
一、三百六拾弐貫
六百文　直段七十四匁
秋田米　拾四俵
升二斗八升入
一、四拾五貫文　中ろう　三貫匁
一、拾弐貫文　三六朱　六袋
一、三拾三貫文　白餅米　三斗
一、四拾貫〇八百文　津軽みそ弐樽
一、九貫文　クツミむしろ　壱束半
一、三百文　なわ　五わ
一、壱貫弐百文　七島　壱枚
一、六拾三貫四百六十文　茜拾弐反

一、百拾四貫七拾文　萌黄二十反
一、百二十一貫六百廿五文　濃両面　弐拾反
一、九拾壱貫八百九十二文　同　十五反
一、五十二貫百三十六文　手掛　拾反
一、三拾四貫
七百四十五文　色弁慶　五反
一、百九拾貫四百三文　濃両面三十反
一、百〇四貫弐百三十四文　弁慶しま　拾五反
一、九拾五貫百九十文　茜　拾八反
一、六十七貫八百九十三文　掠　十二反
一、二十三貫六百九十八文　手掛　五反
一、八十一貫五十六文　白　二十反

一、弐百四貫文　　　山酒　拾樽

〆弐万六千弐百廿六貫百九十壱文

一、三貫四百文
金弐分
右八幡社江初神東
御初穂

一、二百八拾九貫文
金四拾弐両弐分
右者当六月納之分運上金
並市中弐分金共町会所江
上納

一、二拾三貫八百文
金三両弐分
右者町会所並運上所小使
並手先江手当之分

一、拾八貫弐百七拾文
右者場所願ニ付古谷、今井
江差出し御料理代

一、六拾四貫九百二十壱文
右者秋味御役せん並常燈せん
共〇十一江渡ス

一、百弐貫文
金拾両也
右者モロラン返上ニ付
会計所江包方入用

一、二拾貫〇四百文
金三両也
右者請負中江むしろ
わり合分可渡

一、拾三貫六百文
金二両也
右者兵助取締所
入用分

一、八拾六貫九百五拾文
金拾弐両三分ト
弐百五十文
右者運上金之内仲間一同
町会所江連印之わり合上
納但高割分

一、八百五拾文
右者木綿類大の
迄送リ駄せん分

一、七拾九貫五拾文
金拾壱両弐分弐朱
右者仕入品運賃払

一、三貫四百文
右者請負人一同御礼の
せッ入用わり合

一、壱貫百文
右者岩客《ママ》山江奉賀

一、三貫四百文
右者㊉一新吉江くわし
代遣

一、四拾七貫五百六十文
金六両三分三朱ト
三百八十五文
右者市中借上金之廉江
上納

一、五拾九貫
九百廿五文
金八両弐分弐朱ト
壱貫弐百七十五文
右者脱走役人江進物
料理代孫武蔵江払分
但し　モロラン返上之セツ

一、七拾三貫七百廿五文
金十両弐分ト
二貫三百廿五文
右同断入舟印江払分

一、四十五貫五十文
金六両弐分弐朱
右者場所行御米拝借の
セツ取締所ニ而兵助入用分

一、三十貫〇六百文
金四両弐分
右者御本陣、運上所、町会所
取締所中元差出し候分

一、拾三貫六百文
料理代
脱走行

一、拾貫弐百文
金壱両弐分
右者柳田様、芦沢台所江
中元差出候分

一、拾貫弐百文
金壱両弐分
右者八幡社ニ而日和上ケ
御祈祷わり合

一、六拾貫文
金拾両
右者招魂場寄進並
人足五十人

一、四十三貫弐百文
右者大小荷駄ゟ出来之
弁迄駄せん払

一、拾七貫文
金弐両弐分
右者招魂場江手伝
人足料払

一、弐拾七貫弐百文
大坂酒一挺
右者招魂場へ献上

一、五拾七貫八百文
祭礼之せツ
俄連中へ花並ニ
料理代

一、八貫五百文
同手踊江花出

一、弐百四拾三貫八百文
右者良風丸積来ゟ
用捨ニ付、出目分相添

一、三拾四貫文
仝五両也
右者(拝借)米之せツ出係小池
へ差出候分

一、三貫四百文
くわし壱箱
役宅進物

一、三拾弐貫七百廿五文
右者役宅進物
料理代宮城館払分

一、弐拾五貫五百文
右同断払分

一、弐拾貫四百文
金三両也
右者並木覚三郎様
御新造江貸渡分

一、弐拾三貫四百文
右者招魂場人足払分

一、七拾五貫八百文
金拾一両也
高田重次郎様江借用
金内渡

一、五貫百文
右者相良様並芦
沢、小池へ差上候肴代

一、拾三貫六百文　右者黒沢様江差
上候うなキ代

一、三貫四百文　木下官一郎様江差
上候肴代

一、壱貫七百文　同あ手踊江花出

一、六貫八百文　金壱両也
黒沢様御家来江進
物

一、四十七貫六百文　金七両也
運上金残リ上納
但し皆納

一、六貫八百文　右者和三郎殿ヱトモ
行ニ付入用

一、一貫七百文　江差観音堂奉加

一、一貫八百五拾文　右者金兵衛、平司越年
せん渡分

一、　金拾三両
三分壱朱
右者兵助場所行
入用分

一、壱貫七百文　右者㊉一ゟ御備到来ニ
付祝儀差出分

一、三貫四百文　金弐分
右者手先幸平江手花差出し

一、七拾四貫八百文　右者米酒運賃
仐手船払

一、七拾貫五百五十文　右者役々江進物
料理代払
但し和三郎ニ而心得居

一、三拾四貫文　金五両也
右者由衛門飛脚之せッ
送リ品大野迄駄せん為
持遣し分

一、百弐貫文　右者明年落合様御扶
持米五俵代※店江
相渡分
但し店の飯米ニ相成候分

一、壱貫七百文　金壱分
八幡社へ御初穂

一、三貫四百文　くわし　壱箱

一、三貫六百文　霜の花　壱折
辻信蔵行

一、三貫四百文　蒸くわし壱折
三井行

一、八貫八百文　正喜せん四斤
モロラン行

一、拾弐貫七百五十文　中花まんちう箱入
右同断

一、四百弐百（ママ）五拾文　有志ら賀　壱斤
役々江進物

一、拾貫弐百文　花橘三斤
右同断

一、拾三貫弐百文　正喜撰六斤
右同断

一、六貫三百七十五文　くわし　五箱
但名主方江差出

一、四貫弐百五十文　友しらか　壱斤
役宅江進物

六月六日

一、三拾九貫八百文　河内白　拾反
有川行
〃
一、拾九貫八百文　鎌三拾三枚
一、壱貫百二十文　並三寸　弐把
一、拾貫弐百文　大根種代
一、壱貫七百文　くわし　壱箱
孫兵衛場所行之せツ
一、拾貫弐百文　花橘　三斤
右同断
一、三貫四百文　くわし　壱箱
柳田様行
一、三貫四百文　同　壱箱
場所行

一、五貫九百五十文　天笠木綿壱反
金壱両弐分
一、壱貫弐百七十五文　浅キ五郎服
弐尺
一、壱貫六百文　紫唐縮緬
弐尺
一、拾壱貫九百文　糸結城壱反
一、九貫文　鎌　十六枚
一、壱貫九百文　中間なわ弐丸
荷作入用
一、八百五拾文　くわし代
高田様御出之せツ
一、三貫四百文　同　壱箱
吉松様行

一、三貫四百文　　同　壱箱
吉村様御新造行
一、三貫四百文　　同　壱箱役宅進物
一、一貫七百文　　糀種壱袋代
一、二十五貫六百五十文　　弐斗入醤油弐樽
一、三貫四百文　　くわし　壱箱
農政役人行
一、三貫四百文　　同　　壱箱
右同断
一、弐拾貫四百文　　花橘　三斤
一、六十八貫八百五十文　　醤油六樽場所行
一、拾五貫三百文　　正喜撰三斤
山上、名取、石川御三人行

一、拾三貫六百文　　筒保弐枚
和三郎両場所土産
一、弐十弐貫　　同 股引　三足
九百五十文　　右同断
一、七百文　　細引　　壱本
右同断
一、弐貫百廿五文　　沓下
右同断
〆　弐千五百五十貫〇六百五十壱文
入之口
入千三百九拾八貫　　直段九六
八百十六文　　鱒〆粕
八十八本
目方千九百七十四貫八

入弐百六貫九百九十二文　直段十〇
同次拾六本
目方三百四貫目

入拾三貫八百九十二文　直段十八貫六百匁かい
同下々粕弐本
目方三十八貫

入千九百十六貫百三十三文　直段六十弐かい
鯡粕六十五本
目方千六百九十貫六

一、所蔵者　東京市小石川区水道端　種田基宏氏
一、半紙十九枚ヲ二ツ折大福帳式
　ニ綴込ミタルモノ全写ス
　昭和五年四月七日

明治三年三月

江差在八ケ村鯡取船人数扣（控）

惟　善

覚

泊村

田澤村
年寄　源　三　郎
〃　宇右衛門
名主　忠次左衛門

一、船数　四拾八艘
　内　訳
図合船　五艘
乗替船　五艘
三羽船　五艘
保津ち　拾艘
磯　船　弐拾三艘
此人数　九拾三人
此取鯡
一、九千三百束

凡壱人ニ付
百束当リ
九拾三人分之如高

午
四月朔日迄

伏木戸村
名主　善　六
年寄　文　蔵

一、船数　三拾弐艘
　内　訳
図合船　三艘
乗替船　三艘
三羽船　三艘
保ツち船　三艘
磯　船　二十艘
差網鯡取人数　六拾人
建網人数
一、鯡三千六百束　差網壱人前　六拾束位当リ
一、同弐千九百束　建網壱人前　八拾束位当リ
四月朔日迄

乙部村
名主　文左衛門

一、船数　百五拾艘
　内　訳
図合船　弐艘
三羽船　八艘
船　弐艘
船　拾七艘
百二十六艘
九拾四人
一、鯡壱万五千七百六拾束　差網三百九拾四人、壱人ニ付　凡四拾束当リ
一、〃　弐千束　建網弐筒高　人数三拾人　凡六拾六束当リ
〆
四月朔日迄

小茂内村
名主 万次郎
年寄 岩吉
〃 重蔵

船数 四拾九艘
内訳
建網鯡取図合船 四艘
同 乗替船 四艘
同 三羽船 四艘
同 保津知船 四艘
差網鯡取三羽船 壱艘
同 保津知船 六艘
同 磯船 廿六艘
差網鯡取 六拾九人半
建網鯡取 五拾五人

一、鯡三千百廿七束半位　差網壱人ニ付 四拾五束当リ

一、同五千五百束位　建網壱人ニ付 百束当リ

四月朔日迄

突府村
名主 石五郎
年寄 篤次郎

一、船数 八拾三艘
内訳
図合船 三艘
乗替船 三艘
三羽船 三艘
保津知船 四拾弐艘
磯船 三拾弐艘
差網鯡取 百六拾三人
建網鯡取 四拾五人

一、鯡八千五拾束位　差網壱人ニ付 五拾束当リ

一、同五千六百弐拾五束位　建網壱人ニ付
百二十五束当

〆

三月晦迄
三ツ谷村
名主　吉　蔵

一、船数　四拾壱艘
内　訳
保津知船　拾三艘
磯　船　弐拾八艘
此人数　七拾四人
建網五投分　七拾五人

一、鯡四千六百六拾束　差網壱人ニ付
凡三拾束当リ

一、同六千八百拾弐束　建網壱人ニ付
凡九拾束当リ

一、〆粕五百弐拾五貫程　建網分

蚊柱村
名主　伝　三　郎

一、船数　八拾弐艘
内　訳
図合船　四艘
乗替船　四艘
三羽船　五艘
保津知船　六艘
磯　船　六拾三艘
差網人数　七拾九人
建網人数　六拾人

一、鯡三千百六拾束　差網壱人ニ付
四拾束当リ

一、同四千五百束　建網壱人ニ付
十四五束当リ

三月晦迄

相濁内村
名主　権兵衛

一、船数　百七拾艘
内　訳
図合船　七艘
乗替船　七艘
三羽船　七艘
保津知船　廿一艘
磯　船　百二十五艘
差網人数　弐百八拾四人
建網人数　九拾八人

一、鯡四千七百束　差網壱人ニ付
百七束余当リ

一、同五千拾七束　建網壱人ニ付
五拾弐束余当リ

〆　三月晦日迄

泊川村
名主　源八
年寄　惣太郎

同　長次郎
百姓代　与作

一、船数　百弐拾九艘
内　訳
乗替船　三艘
図合船　三艘
三羽船　三艘
保津知船　五拾弐艘
磯　船　六拾八艘
人数　四拾弐人　建網三投分
同　弐百八拾三人　差網分

一、鯡三千五拾七束壱分五厘　壱人ニ付九束
四分六毛余当リ

三月晦日迄

熊石村
名主　安藤利左衛門
岩佐又左衛門

一、船数　弐百拾三艘
　内　訳
保ツち船　七拾七艘
磯　船　百三十六艘
此人数　三百五拾八人
建網　弐拾壱投
此人数　三百拾五人

一、鯡壱万四千三百束　差網壱人ニ付凡四十束当リ

一、同弐万五千弐百束　建網壱人ニ付八拾束当リ

三月廿九日迄

一、差網三千束　熊石村

一、建網壱万八千三百七拾五束
四月朔日ゟ同八日迄取上高

一、差網四千弐百四拾五束　泊川村
一、建網千五百束

四月朔日ゟ同十日迄

一、差網五千束　相根内村
一、建網六千五百束

一、差網四百束　蚊柱村
一、建網弐百八拾束

四月八日迄

一、差網千六百八拾束　突府村
一、建網弐千七百束

四月八日迄

一、差網四千束　三ツ谷村
一、建網千弐百束

四月八日迄

一、差網六百五拾五束　小茂内村
一、建網千拾五束
四月八日迄
一、鯡六千束　乙部村
四月十一日迄
一、同三千弐百八拾束　柳崎村
四月十一日
一、差網凡七万束　江差
一、四万束　下在村々

一、東京市小石川区水道端　種田基宏氏所蔵
一、半紙四ツ折六枚綴ノモノヲ全写ス
　　昭和五年三月廿七日

藩管轄ニおゐて年中生産品物
此度商社取建当地江相廻し売捌主法左之通

一、品物廻着致し候ハヽ、船手ゟ早速用所へ贈状持参届出可申候、蔵元並売捌方江者用所より早々通達致候事

一、水揚之節者改役之者出張、双方立会貫目、員数等取調之上蔵入取計可申事
　但貫目、員数等不足有之候ハヽ、船手ゟ為相弁精吟味いたし請取可申事

一、小越船取扱方運賃並渡方等取締之義、売捌方談事引受厳重取計可申候事

一、荷物売捌方之義、於用所入札取計高直ニ落札即日手付金ニ弐割入金為致可申候事

一、代金納方落札日より十日限皆納之上売判書相渡可申事
　但皆納定日切過候ハヽ、手付金流れに相成候事

一、品物廻着之上者時々相場見込を以八歩為替金蔵元並売揃方談之上、無差支出金取計可申事
　但金拾両ニ付、一ケ月利足永弐百文、一日借利足永拾文ニ定、品物売捌之上元利共返済之事

一、売捌代金納方之義者売捌方引受取立蔵元江相納可申事
　五厘　蔵元手当
　壱歩　売捌方口銭
　五厘　用所浮金

一、金銭出納一ケ月毎、蔵元並売捌方立会勘定可致候事

一、商社取締之義、双方立会相談之上取扱可申
候事
右之通定約取結候上者永々無異状取締法堅
相守可申候為、其連印仍而如件

明治三年
庚午十月

惣取締
村山　左易
公用方
井上直之丞
商法方
会計方　兼
小山　十郎
御蔵元
法谷庄三郎
売捌方
桜井屋

重太郎
〃
桜井屋
竜五郎

一、所蔵者　東京市小石川区水道端　種田基宏氏
一、無表紙半紙五枚綴　全写
　　昭和五年三月二十二日

明治四年
手扣（控）
未正月ゟ

庚午歳入
九万千弐百五拾両
此十分一
九千百弐拾五両
　内
七千三百両　藩債支消之
　　　　　　廉へ差出
残　　　　　但家禄五分ノ四
千八百弐拾五両　旧知事様へ染
　　　　　　　　川貢税金之
　　　　　　　　内を以渡済
石七千三百両十二ケ月割
一ケ月高八両、永三百三拾三文三分
辛未十二月夜同月ゟ
朝廷御用達へ差出、同月
迄五ケ月分
　三千四拾壱両、永六百三十六文五分
差引残

四千弐百五拾弐両
永三百三十三文五分
賞典辛未十二月渡
現米弐千五百石
内
弐百五拾石　藩債支消之
廉へ差出ス
残リ
弐千弐百五拾石
内　旧知事、士族、
卒へ分配
千三百石　之千弐百石之
半分
差引六百五拾石
壱石ニ付、三両見込
代金千九百五拾両
賞典弐万石
此現米五千石
内
高七千弐百石　知事君
此現米千八百石

内
五百石　藩債支消之
廉へ差出
残千三百石
高壱万弐千八百石　士族、卒
此現米三千弐百石
此分壱石五両弐分四朱之
見込分与之積リ申上済
申
四月三十日　写取

賞典　　蛎崎　多郎
金　二十六両三分二朱
同　　杉村　義衛
金　三十五両壱朱
但し此内東京ニ於テ金
十両義衛請取残金二
十九両一朱此度取引
〆五拾五両三分三朱
此処へ金二十両御渡候
間、御帰着之上三十五両三
分三朱タケ御都合御渡
被召候儀ニ而即書面両様
差出候、
七月廿一日　下国　季紹
種田金十郎様

第十七号
以手紙致啓上候、然ハ各開
港場於テ輸出、輸入其他之
税金取立方ニ付、弐分金、一
分銀価格比較ノ儀ハ貴国
千八百七十一年第十二月三十一
日迄ハ従前之割合、即千壱
分銀二個ニ付、弐分金壱
個之比較ヲ以収税致シ、弐分
金之代リタル商社金札モ右
弐分金同様之割合ニ依リ可
申、最モ千八百七十二年第
一月一日ヨリハ弐分金弐百
零弐個ヲ以壱分銀三百拾
壱個、新壱円銀百個、本位
金貨百零壱円ニ当取立、
但新貨幣之儀ハ金銀貨
トモ即今日ヨリ右価格割合ニテ
受取可申候、前書商社之
金札其余楮幣、金券類
ハ右一月一日ヨリ一切不請取
筈ニ治定致シ候、右外務卿之

命ニ依リ之可得御意、如此
御坐候、以上

明治四年
辛未八月十二日

外務少丞田辺太一 [花押]

外務少丞宮本小一 [花押]

追テ為念別紙比較表差進申候、
且本文趣貴下ヨリ瑪港在留
全権公使江御通達有之度存候、

終わりにあたって

郷士の上磯（現北斗市）で名家であった〆（やましめ）種田金十郎氏が、生前書き残した「種田家文書」は、一部は『新撰北海道史』の中に「北門史綱」として記録されている。その後種田一族の種田謹一氏が「北海道における種田家のルーツ」のプリントで一部が採用された。その後『上磯町史』に、「農事特志者履歴書」が採用記録されているだけである。

種田金十郎は、天保二年（一八三一）辛卯八月に生まれた。嘉永六年五月、二十一歳で、〆種田家の八代当主を継いだ。この時に七代当主、種田徳左衛門と相談して弟（徳左衛門の次男）徳之丞を分家創立させ、〆（いりしめ）種田家が出来た。

この三人が松前藩士を勤めたことは「藩士履歴」や「農事特志者履歴書」などに銘記されている。中でも金十郎の箱館戦争の活躍は見事なもので、松前藩や津軽藩の戦略会議にも参加した実績に感嘆する。

箱館戦争は金十郎が三十六歳から三十七歳の時で、まさに人間として壮熟した時代であった幕末の混乱期、武士道最後の戦い箱館戦争、明治維新の流動期に加え、蝦夷地から北海道に変わり、開拓使の設置など、どれをとっても波瀾怒濤のような時代を、くぐり抜けて郷土、上磯や渡島に「渡島王」の名をほしいがままに心身を捧げた偉人、種田金十郎が書き残した「種田家文書」が、六十六年もの歳月を経て解読された。

この古文書の解読には、山口精次氏始め数多くの諸先生のお力の賜物であり、完成したものである。これまで解読が完成までの経緯は語りつくせない歳月だった。

元本を見てない私が、北海道大学附属図書館北方資料室に残る写本を更にコピーしたものを、解読して私なりに区分けしたものであるから、文章は不揃えであるかも知れないが、要は「種田家文書」の内容が、北海道の開拓歴史を研究されている諸氏に、役だってほしいのが私の願いである。
　完結に至るまでに沢山の方々にお世話を戴いた。最終となったが、お力添え戴いた諸先生方のご芳名を左記に掲載して脱帽して感謝の意を表します。

二〇一六年十月

中村正勝

秋月俊幸氏　札幌市
中村順一氏　北広島市
古郡蔵之助氏　仙北市
石黒正英氏　新潟市
種田謹一氏　函館市
山口精次氏　函館市
久保孝夫氏　函館市
種田一郎氏　北斗市
種田信也氏　北斗市
北海道大学附属図書館北方資料室　札幌市

＊著作者略歴

昭和四十年六月　駒ケ岳郵便局長拝命
平成三年六月　駒ケ岳郵便局長退職
昭和三十三年十一月　上磯郷土史研究会長
昭和四十五年四月　道南の歴史研究会長
昭和五十六年十一月　上磯町自治制施行百周年町政特別功労（教育・文化）
平成四年十一月　第四回神山賞受賞（函館文化会・郷土史研究）
平成五年十月　松川弁之助の功績を讃える会長（五稜郭に顕彰碑を建てる）
平成十六年九月　内閣官房長官賞受賞（郷土史研究・地域活動）

＊著作歴

昭和三十三年十一月　私達の郷土（第一号から七号まで発行）
昭和三十七年八月　ふるさとの歴史（八ミリカラーで映画作成・古代・史跡と文化財・夜明け前・現代四十五分）
昭和三十七年三月　上磯町史編纂を請願を提出
昭和四十年五月　史跡戸切地陣屋のパンフレット
昭和四十八年十月　蝦夷地の先覚者・石坂武兵衛
昭和六十年三月　渡島特定郵便局長会百年史
平成五年三月　函館郵便局百二十史
平成七年九月　トラピスト初代修院長・岡田普理衛師物語
平成十一年四月　北辺に散った・中島三郎助

平成十八年七月　朔北の大地に生きた会津藩士三井兄弟
平成十九年八月　箱館戦争銘々伝（共著・新人物往来社）
平成二十一年十一月　知床硫黄鉱山王・皆月善六

中村　正勝（なかむら　まさかつ）
大正14年（1925）7月　上磯（現北斗市）生まれ
伊勢型紙・彫型画会員

「種田家文書」―種田金十郎日記

発　行　　2016年11月30日
編　者　　中　村　正　勝
発行者　　野　澤　緯三男
発行所　　北海道出版企画センター
〒001-0018　札幌市北区北18条西6丁目2-47
電　話　011-737-1755　FAX　011-737-4007
振　替　02790-6-16677
URL　http://www.h-ppc.com/
印刷所　　㈱北海道機関紙印刷所

ISBN978-4-8328-1611-4